（清）曹雪芹 著

# 脂硯齋重評石頭記庚辰本

第二册

國家圖書館出版社

# 第二册目録

此回可卿夢阿鳳蓋作者大有深意存焉可惜生不逢時奈何々々
然必寫出自可卿之意也則又有他意寓焉
榮寧世家未有不尊家訓者雖賈珍當奢豈明逆父
哉故寫敬老不管然後姿意方見筆々週到

詩曰

一步行來錯　回頭已百年
古今風月鑑　多少泣黃泉

慶壽辰寧府排家宴　見熙鳳賈瑞起淫心
王熙鳳毒設相思局　賈天祥正照風月鑑
秦可卿死封龍禁尉　王熙鳳協理寧國府
林儒海捐館楊州城　賈寶玉路謁北靜王
王鳳姐弄權鐵檻寺　秦鯨卿得趣饅頭庵
賈元春才選鳳藻宮　秦鯨卿夭逝黃泉路
大觀園試才題對額　榮國府歸省慶元宵
王熙鳳正言弾姤意　林代玉俏語謔嬌音

# 石頭記

第十一回至二十回

脂硯齋凡四閱評過

脂硯齋重評石頭記卷之

第十一回

慶壽辰寧府排家宴　見熙鳳賈瑞起淫心

話說是日賈敬的壽辰賈珍先將上等可吃的東西稀奇些的果品裝了十六大捧盒着賈蓉帶領家下人等與賈敬送去向賈蓉說道你留神看太爺喜歡不喜歡你就行了礼來你說我父親遵太爺的話未敢來在家里率領合家都朝上行了礼了賈蓉听罢即率領家人去了这里漸々的就有人來了先是賈璉賈薔到來先看了各处的座位并問有什庅頑意兒沒有家人答道我們爺原筭計請太爺今日來家來所以並未敢預備頑意兒前日听見太爺又不來了現叫奴才們找了一班小戲兒並一档子打十番的都在園子里戲台上預

倫着呢次後邢夫人王夫人鳳姐兒宝玉都来了賈珍並尤氏接了進去尤氏的母親
已先在这里呢大家見過了彼比讓了坐賈珍尤氏二人親自遞了茶因說道
老太〻原是老祖宗我父親又是姪兒这樣日子原不敢請他老人家但是这
個時候天氣正凉爽滿園的菊花又盛開請老祖宗过来散〻悶看着衆兒孫
热鬧〻〻是这個意思誰知老祖宗又不肯賞臉鳳姐兒未等王夫人開口先
說道老太〻昨日还說要來着呢因為晚上看著宝兄弟他們吃桃兒老人家
又嘴饞吃了有大半个五更天的時候就一連起來了兩次今日早晨畧覺身
子倦些因吗我回大爺今日断不能来了說有好吃的要几樣还要狠爛的賈
珍听了咲道我說老祖宗是愛热鬧的今日不來必定有個原故若是这広着
就是了王夫人道前日听見你大妹〻說蓉哥兒媳婦兒身上有些不大好到

底是怎庅樣尤氏道他这個病的也奇上月中秋还跟着老太々太々們頑了
半夜回家来好々的到了二十後一日比一日覺懶也懶待吃東西這將近有
半個多月了經期又有兩個月没来邢夫人接着說道别是喜罢正說着外頭
人回道大老爺二老爺並一家子的爺們都來了在厛上呢賈珍連忙出去了
這里尤氏方說道從前大夫也有說是喜的昨日馮紫英荐了他從學過的一
個先生醫道狠好瞧了說不是喜竟是狠大的一個症候昨日開了方子吃了
一剤藥今日頭眩的畧好些别的仍不見怎庅樣大見効鳳姐兒道我說他不
是十分支持不住今日這樣的日子再也不肯不扎挣着上來尤氏道你是初
三日在這里見他的他強扎挣了半天也是因你們娘兒兩個好的上頭他才
恋々的捨不得去鳳姐兒听了眼圈兒紅了半天半日方說道真是天有不测

風雲人有旦夕禍福这个年紀倘或就因這个病上怎庅㨾了人还活自有甚
庅趣兒正説話間賈蓉進來給邢夫人王夫人鳳姐兒前都請了安方回尤氏
道方才我去給太爺送吃食去並回説我父親在家中伺候老爺們款待一家
子的爺們遵太爺的話並未敢來太爺听了甚喜歡説這才是叫告訴父親
母親好生伺候太爺太〻們叫我好生伺候叔〻嬸子們並哥〻們还説那陰
隲文叫急〻的刻出來印一萬張散人我将此話都回了我父親了我這会子
得快出去打發太爺們并合家爺們吃飯鳳姐兒説蓉哥兒你且站住你媳婦
今日到底是怎庅着賈蓉皺〻眉説道不好庅嬸子回來瞧〻去就知道了于
是賈蓉出去了这里尤氏向邢夫人王夫人道太〻們在这里吃飯阿还是在
园子里吃去好小戲兒現預備在园子里呢王夫人向邢夫人道我們索性吃

了飯再過去罷也省好些事邢夫人道狠好于是尤氏就吩咐媳婦婆子們快送飯來門外一齊答應了一声都各人端各人的去了不多一時擺上了飯尤氏讓邢夫人王夫人並他母親都上了坐他與鳳姐兒寶玉側席坐了邢夫人王夫人道我們來原為給大老爺拜壽这不竟是我們來過生日來了庅鳳姐兒說道大老爺原是好養靜的已經修煉成了也算得是神仙了太太們這庅一說这就叫作心到神知了一句話說的滿屋裡的人都笑起來了于是尤氏的母親並邢夫人王夫人鳳姐兒都吃畢飯漱了口淨了手纔說要往園子里去賈蓉進來向尤氏說道老爺們並眾位叔叔哥哥兄弟們也都吃了飯了大老爺說家里有事二老爺是不愛听戲又怕人鬧的慌都纔去了別的一家子爺們都被璉二叔並薔兄弟都讓過去听戲去了方纔南安郡王東平郡王西

寧郡王北靜郡王四家王爺並鎮國公牛府等六家中靖候史府等八家都差人
持了名帖送壽礼來俱回了我父親先收在賬房里了礼单都上上檔子了老
爺的領謝的名帖都交給各來人了各來人也都照旧例賞了衆來人都讓吃
了飯纔去母親該請二位太〻老娘嬸子都過园子里坐着去罷尤氏道也是
纔吃完了飯就要過去了鳳姐兒説我回太〻我先瞧〻蓉哥兒媳婦我再過
去王夫人道狠是我們都要去瞧〻他到怕他嫌鬧的慌説我們问他好罷尤
氏道好妹〻媳婦听你的話你去開導〻〻他我也放心你就快〻些過园子里
來宝玉也跟了鳳姐兒去瞧秦氏去王夫人道你看〻就過去罢那是姪兒媳
婦于是尤氏請了邢夫人王夫人並他母親都过会芳园去了鳳姐兒宝玉方
合賈蓉到秦氏這边來了進了房門悄〻的走到裡间房門口秦氏見了就要

跕起来鳳姐兒說快别起来看起猛了頭暈於是鳳姐兒就緊走了兩步拉住
秦氏的手說道我的奶〻怎広几日不見就瘦的這広着了于是就坐在秦氏
坐的褥子上宝玉也問了好坐在对面椅子上賈蓉叫快到茶来嬸子合二叔
在上房还未喝茶呢秦氏拉着鳳姐兒的手強笑道这都是我没福这樣人
家公〻婆〻當自己的女孩兒似的待嬸娘的姪兒雖說年輕却也是他敬我
我敬他從来没有紅过臉兒就是一家子的長輩同輩之中除了嬸子到不用
說了别人也從無不疼我的也無不合我好的这如今得了这个病把我那要
强的心一分也没了公婆跟前未淂孝順一天就是嬸娘这樣疼我〻就有十
分孝順的心如今也不能彀了我自想着未必熬的过年去呢宝玉正眼瞅着
那海棠春睡啚并那秦太虛寫的嫩寒鎖夢因春冷芳氣籠人是酒香的

對聯不覺想起在这里睡晌覺梦到太虛幻境的事来正自出神听得秦氏說了這些話如萬箭攢心那眼淚不知不覺就流下来了鳳姐兒心中雖十分难过但恐怕病人見了衆人这个樣兒反添心酸到不是来開導劝解的意思了見宝玉这个樣子因說道寳兄弟你特婆婆媽媽的了他病人不過是这庅說那里就到得这個田地了况且能多大年紀的人略病一病兒就这庅想那庅想的這不是自己到給自己添病了庅賈蓉道他這病也不用别的只是吃得些飲食就不怕了鳳姐兒道宝兄弟太太叫你快過去呢你别在這里只管這庅着到招的媳婦也心里不好太太那里又掂着你因向賈蓉說道你先同你宝叔叔過去罢我还略坐一坐兒賈蓉听說即同宝玉过会芳園来了這里鳳姐兒又劝解了秦氏一番又低低的說了許多衷腸話兒尤氏打發人

請了两三遍鳳姐兒才向秦氏說道你好生養着罷我再来看你合該你這病
要好所以前日就有人荐了這個好大夫来再也是不怕的了秦氏咲道任憑
神仙也罷治得病治不得命嬸子我知道我這病不過是挨日子鳳姐兒說道
你只管这庅想着病那里能好呢揔要想開了才是況且听得大夫說若是不
治怕的是春天不好呢偺們若是不能吃人参的人家这也难說了你公〻婆
婆听見治得好你别說一日二錢人参就是二斤也能彀吃的起好生養着罷
我过园子里去了秦氏又道嬸子恕我不能跟过去了閑了时候还求嬸子常
过来瞧〻我偺們娘兒們坐〻多說几遭話兒鳳姐兒听了不覺得又眼圈兒
一紅遂說道我得了閑兒必常来看你于是鳳姐兒帶領跟来的婆子丫頭並
寧府的媳婦婆子們從裡頭繞進园子的便門来但只見

黃花滿地白柳橫坡小橋通若耶之溪曲徑接天台之路石中清流激湍籬落飄香樹頭紅葉翩々疎林如画西風乍緊初雲鶯啼煖日當暄又添蛩語遥望東南建几処依山之榭縱观西北結三間臨水之軒笙簧盈耳則有幽情羅綺穿林倍添韵致

鳳姐兒正自看园中的景致一步々行来讚賞猛然從假山石後走过一个人来向前对鳳姐兒説道請嫂子安鳳姐兒猛然見了将身子望後一退説道这是瑞大爷不是賈瑞説道嫂子連我也不認得了不是我是誰鳳姐兒道不是不認得猛然一見不想到是大爷到这里来賈瑞道也是合該我與嫂子有緣我方才偷出了席在这个清净地方畧散一散不想就遇見嫂子也從这里来这不是有緣麽一面説着一面拿眼睛不住的覷着鳳姐兒々々是个聰明人

見他這個光景如何不猜透八九分呢因向賈向（瑞）假意含咲道怨不得你哥〻
時常提你說你狠好今日見了听你說这几句話兒就知道你是個聰明和氣
的人了这会子我要到太〻們那里去不得合你說話兒等閑了偺們再說話
兒罢賈瑞道我要到嫂子家里去請安又恐怕嫂子年輕不肯輕易見人鳳姐
兒假意咲道一家子骨肉說什庅年輕不年輕的話賈瑞听了这話再不想到
今日得这個奇遇那（神）情光景亦發不堪难看了鳳姐兒說道你快入席去罢仔
細他們拿住罰你酒賈瑞听了身上已木了半边慢〻的一面走着一面回过
頭來看鳳姐兒故意的把脚步放遲了些兒見他去遠了心里暗忖道这才是
知人知面不知心呢那里有这樣禽獸的人呢他如果如此几时叫他死在我
的手里他才知道我的手段于是鳳姐兒方移步前來將轉过了一重山坡見

两三個婆子慌﹕張﹕的走來見了鳳姐兒㕭說道我們奶﹕見二奶﹕只是
不來急的了不淂叫奴才們又來請奶﹕來了鳳姐兒說道你們奶﹕﹕就是这
広急脚鬼是的鳳姐兒慢﹕的走肴問戲唱了几出了那婆子回道有八九出
了說話之間已來到了天香楼的後門見宝玉和一羣了頭們那里頑呢鳳姐
兒說道宝兄弟別特淘氣了有一個了頭說道太﹕們都在楼上坐肴呢請奶
奶就從这边上去罷鳳姐兒听了款步提衣上了楼見尤氏已在楼梯口等肴
呢尤氏㕭說道你們娘兒两個特好了見了面捴捨不淂來了你明日搬來合
他住肴罷你坐下我先敬你一鐘于是鳳姐兒在邢王二夫人前告了坐尤氏
的母親前周旋了一遍仍同尤氏坐在一桌上吃酒听戲尤氏叫拿戲单來讓
鳳姐兒点戲鳳姐兒說道太﹕們在这里我如何敢点邢夫人王夫人說道我

們合親家太〻都点了好几出了你点兩出好的我們听鳳姐兒立起身來荅應了一声方接过戲单從頭一看点了一出还魂一出談詞遞过戲单去説現在唱的这双官誥唱完了再唱这兩出也就是时候了王夫人道可不是呢也該趂早叫你哥〻嫂子歇〻他們又心里不静尤氏説道太〻們又不常过來娘兒們多坐一会子去才有趣兒天还早呢鳳姐兒立起身來望楼下一看説爺們都往那里去了傍边一個婆子道爺們才到凝曦軒代了打十番的那里吃酒去了鳳姐兒説道在这里不便易背地里又不知幹什庅去了尤氏咲道那里都像你这庅正經人呢于是説〻咲〻点的戲都唱完了方才撤下酒席擺上飯來吃畢大家才出园子來到上房坐下吃了茶方才叫預備車向尤氏的母親告了辞尤氏率同衆姬妾並家下婆子媳婦們方送出來賈珍率領衆

子侄都在車傍侍立芌候肴呢見了邢夫人王夫人道二位嬸子明日还过來
瞧〻王夫人道罢了我們今日整坐了一日也乏了明日歇〻罢于是都上車
去了賈瑞猶不肘拿眼睛覷肴鳳姐兒賈珍芌進去後李紈〔貴〕才拿过馬來宝玉
騎上随了王夫人去了这里賈珍同一家子的弟兄子侄吃過了晚飯方大家
散了次日仍是衆〔族〕人芌鬧了一日不必細說此後鳳姐兒不肘親自來肴秦氏
秦氏也有几日好些也有几日仍是那様賈珍尤氏賈蓉好不焦心且說賈瑞
到荣府來了几次偏都遇見鳳姐兒往寧〔府〕那边去了这年正是十一月三十日
冬至到交節的那几日賈母王夫人鳳姐兒日日差人去看秦氏回來的人都
說這几日也沒見添病也不見甚好王夫人向賈母說这个症候遇着这様大
節不添病就有好大的指望了賈母說可是呢好个孩子要是有些原故可不

叫人疼死說着一陣心酸叫鳳姐兒說道你們娘兒兩个也好了一場明日大初一过了明日你後日你再去看一看他去你細々的瞧々他那光景倘或好些兒你回来告訴我々也喜歡々々那孩子素日愛吃的你也常叫人做些給他送過去鳳姐兒一々的荅應了到了初二日吃了早飯来到寧府看見秦氏的光景雖未甚添病但是那臉上身上的肉全瘦干了于是合秦氏坐了半日說了些閑話兒又将这病無妨的話開導了一遍秦氏說道好不好春天就知道了如今現过了冬至又沒怎麽樣或者好的了也未可知嬸子回老太々放心罢昨日老太々賞的那棗泥餡的山藥糕我到吃了兩塊到像尅化的動似的鳳姐兒說道明日再給你送來我到你婆々那里瞧々就要赶着回去回老太々的話去秦氏道嬸子替我請老太々太々安罢鳳姐兒荅應着就出來了

到了尤氏上房坐下尤氏道你冷眼瞧媳婦是怎麽樣鳳姐兒低了半日頭說道這實在沒法兒了你也該將一應的後事用的東西也該料理〻〻冲一冲也好尤氏道我也叫人暗〻的預備了就是那件東西不得好木頭暫且慢〻的辦罷于是鳳姐兒吃了茶說了一會子話兒說道我要回去回老太〻的話去呢尤氏道你可緩〻的說別嚇着老太〻鳳姐兒道我知道于是鳳姐兒就回來了到了家中見了賈母說蓉哥兒媳婦請老太〻安給老太〻磕頭說他好些〻了求老祖宗放心罷他再畧好些還要給老祖宗磕頭請安來呢賈母道你看他是怎麽樣鳳姐兒說暫且無妨精神還好呢賈母听了沉音了半日因向鳳姐兒說你換〻衣服歇〻去罷鳳姐兒答應着出來見過了王夫人到了家中平兒將烘的家常的衣服給鳳姐兒換了鳳姐兒方坐下問道家里沒有什

庅事庅平兒方端了茶來遞了過去說道沒有什庅事就是那三百銀子的利銀旺兒媳婦送進來我収了再有瑞大爷使人來打听奶〻在家沒有他要來請安說話鳳姐兒听了哼了一声說道這畜生合該作死看他來了怎庅樣平兒因問道這瑞大爷是因什庅只管來鳳姐兒遂將九月里寧府园子里遇見他的光景他說的話都告訴了平兒〻〻說道癞蛤蟆想天鵝肉吃沒人倫的混賬東西起這个念頭叫他不得好死鳳姐兒道等他來了我自有道理不知賈瑞来时作何光景且听下回分解

脂硯齋重評石頭記

第十二回

王熙鳳毒設相思局　賈天祥正照風月鑑

話說鳳姐正與平兒說話只見有人回說瑞大爷来了鳳姐急命快請進来（立意追命）賈瑞見往里讓心中喜出往外急忙進来見了鳳姐滿面陪（如蛇）咲連ゝ問好鳳姐兒也假意殷勤讓茶讓坐賈瑞見鳳姐如此打扮亦發酥到因餳了眼問道二哥ゝ怎庅还不回来鳳姐道不知什庅原故賈瑞咲道别是路上有人絆住了脚了捨不得回来也未可知鳳姐道也未可知男人家見一個愛一個也是有的賈瑞咲道（如聞其声）嫂子這話説錯了我就不這樣（漸ゝ入港）鳳姐咲道像你這樣的人能有几個呢十個里也挑不出一個来賈瑞听了喜的抓耳挠腮又道嫂子天ゝ

勿作正面看為幸　畸笏

也悶的狠鳳姐道正是呢只盼個人来説話解〻悶兒賈瑞笑道我到天〻閑
着天〻过来替嫂子解〻閑悶可好不好鳳姐笑道你哄我呢你那里肯往我
这里来賈瑞道我在嫂子跟前若有一點謊話天打雷劈只因素日聞得人説嫂
子是個利害人在你跟前一點也錯不得所以唬住了我如今見嫂子最是個
有説有笑極疼人的奇妙我怎庅不来这到不假死了也愿意鳳姐笑道果然反文省眼你是個明白
人比賈蓉兩個強遠了我看他那様清秀只當他們心里明白誰知竟是兩個
胡塗虫一點不知人心賈瑞听了這話越發撞在心坎兒上由不得又往前湊
了一湊覷着眼看鳳姐帯的荷包然後又問帯着什庅戒指鳳姐悄〻道放尊
重着別叫了頭們看了笑話賈瑞如听綸音佛語一般忙往後退鳳姐笑道你
該走了叫去正是叫来也賈瑞説我再坐一坐兒好狠心的嫂子鳳姐又悄〻的道大

先写穿堂

天白日人来人往你就在這里也不方便你且去等着晚上起了更你来悄悄的在西边穿堂兒等我賈瑞听了如得珍宝忙問道你别哄我但只那里人过的多怎庅好躲的鳳姐道你只放心我把上夜的小厮們都放了假两边門一關再没别人了賈瑞听了喜之不禁（盡）忙忙的告辞而去心内已（未必）為得手盼到晚上果然黑地里摸入榮府趁掩門时鑚入穿堂果見漆黑無一人往賈母那边去的門户已鎖（平平略施小計）倒只有向東的門未関賈瑞側耳听着半日不見人来忽听喀（咯）噔一声東边的門也倒関了賈瑞急的也不敢則声只得悄悄的出来将門撼了撼関的鉄桶一般此时要求出去亦不能勾南北皆是大房墻要跳亦無攀援這屋内又是过門風（堂晃又大）空落落現是臘月天氣夜又長朔風凛凛侵肌裂骨一夜幾乎不曾凍死好容易盼到早晨只見一個老婆子先将東門開了進去又叫（開）

只知房舍之大豈料有許多用處

可為偷情一戒

西門賈瑞聽的背着臉一溜烟抱着肩跑了出来幸而天氣尚早人都未起從後門一逕跑回家去原来賈瑞父母早亡只有他祖父代儒教養那代儒素日教訓最嚴不許賈瑞多走一步生怕他在外吃酒賭錢有悞學業今忽見他一夜不帰只料定他在外非飲即賭嫖娼宿妓那里想到这断公案因此氣了一夜賈瑞也捻着一把汗少不得回来撒謊只説往舅〻家去了天黑了留我住了一夜代儒道自来出門非稟我不敢擅出如何昨日私自去了據此亦該打何況是撒謊因此發恨到底打了三四十板不許吃飯令他跪在院内讀文章定要補出十天的工課来方罷賈瑞直凍了他一夜今又遭了苦打且餓着肚子跪着在風地里讀文章其苦萬狀（禍福無門惟人自召）此時賈瑞前心猶是未改再想不到是鳳姐捉弄他過後兩日得了空便仍来（誅我）找鳳姐鳳姐故意抱怨他失信

（朱批）展轉灵活人不放一筆不肯

（朱批）世人萬〻想不到況老學究乎

（朱批）四字

（朱批）是尋死之根

（朱批）教訓最嚴奈其心何一嘆

（朱批）處〻点父母痴心子孫不肖此書係自愧而成

（朱批）苦海無边回頭是岸若個能回頭也嘆〻　壬午春　畸笏

賈瑞急的睹身發誓鳳姐因見他自投羅網少不得再尋别計令他知改故又（可謂因人而使）（四字是作者明）
約他道今日晚上你别在那里了你在我這房後小过道子里那間空屋里苛（阿鳳身分勿得輕輕看過）
我可别冒撞了〔妙 伏的〕賈瑞道果真鳳姐道誰可哄你你不信就别來賈瑞道來（緊一句）
來來死也要來〔不差〕鳳姐道这会子你先去罷賈瑞料定晚間必妥此肘先去了（未必）
鳳姐在这里便點兵派将設下圈套那賈瑞只盼不到晚上偏生家里親戚又（四字用得新必弓新文字好看）
來了〔專能忙中寫閑狡猾之甚〕直吃了晚飯纔去那天已有掌灯时候又苛他祖父安歇了
方溜進榮府直往那夾道中屋子里來苛着熱鍋上的螞蟻一般只是干轉左
苛不見人影〔右聽〕又聞也沒声响心下自思别是又不來了又凍我一夜不成正自（真到了）
胡猜只見黑魆魆的來了一個人賈瑞便意〔想〕定是鳳姐不管皂白餓虎一般苛
那人剛至門前便如猫捕鼠的一般抱住叫道親嫂子苛死我了說着抱到屋

里炕上就親嘴扯褲子滿口里親娘親爹的乱叫起來那人只不作声賈瑞拉了自己褲子硬帮帮的就想頂入忽見灯光一閃只見賈薔舉着個拈子照道誰在屋里只見炕上那人笑道瑞大叔要臊我呢賈瑞一見却是賈容絶奇真臊的無地可入不知要怎麼樣纔好回身就要跑被賈薔一把揪住道別走如今璉二嬸已經告道太太跟前說你無故調戲他他暫用了個脫身計哄你在那邊等着太太氣死過去因此叫我來拿你剛纔你又攔住他沒的說跟我去見太太賈瑞聽了魂不附體只說好姪兒只說沒有見我明日我重重的謝你賈薔道你若謝我放你不值什麼只不知你謝我多少況且口說無憑寫一文契來賈瑞道如何落紙呢賈薔道這也不妨寫一個賭錢輸了外人賬目借頭家銀若干兩便罷賈瑞道這也容易只是此時無紙筆賈薔道這也容易興說罷

翻身出来紙筆現成拿来賈瑞寫他两作好作歹只寫了五十两然後画了押
賈薔收起来然後撕邏賈蓉〻〻先咬定牙不依只説明日告訴族中的人評
評理賈瑞急的至於叩頭賈薔作好作歹的也寫了一張五十两欠契纔罢賈
薔又道如今要放你我就擔着不是又生波瀾老太〻那邊的門早已関了老爺正
在廳上看南京的東西那一條路定难過去如今只好走後門若這一走倘或
遇見了人連我也完了等我們先去哨探〻再来領你這屋子你還藏不得少時
就来堆東西等我尋個地方説畢拉着賈瑞仍息了燈細出至院外摸着大台
磯底下説道這窝兒里好你只蹲着别哼一声我們来再動説畢二人去了賈
瑞此時身不由已只得蹲在那里心下正盤筭只听頭頂上一声响嘢拉〻一
净桶尿糞從上面直潑下来可巧澆了他一身一頭賈瑞掌不住噯喲了一声

二字妙

未必如此权場

瑞奴寔當如是報之

此一節可入西廂記批評内十大快中

此刻还不回頭真自尋死矣

忙又掩住口更奇不敢声張滿頭滿臉渾身皆是尿屎冰冷打战只見賈薔跑来叫快走快走賈瑞如得了命三步両步從後門跑到家里天已三更只得叫門開門人見他這般景況問是怎的少不得扯謊説黑了失脚掉在茅厠里了一面到了自己房中更衣洗濯心下方想到是鳳姐頑他曰此發一回恨再想〻鳳姐的模樣兒慾根未斷又恨不得一時摟在怀内一夜竟不曾合眼自此滿心想鳳姐只不敢往榮府去了賈蓉両常〻的来索銀子他又怕祖父知道正是相思尚且难禁更又添了債務日間工課又緊他二十来歲人尚未娶親迩来想着鳳姐未免有那指頭告了消乏等事更兼兩回凍恼奔波寫得歷〻病源如何不死曰此三五所謂步〻緊下里夾攻不覺就得了一病心内發膨脹口中無滋味脚下如綿眼中似酣黑夜作焼白晝常倦下溺連精嗽痰帶血諸如此症簡捷之至不上一年都添全了于是不

全用必新奇改恨文字收場方是石頭記筆力

能支持一頭失倒合上眼還只夢魂顛倒滿口亂說胡話驚怖異常百般諸醫療治諸如肉桂附子鱉甲麥冬玉竹等藥吃了有几十斤下去也不見個動靜（說得有趣）條又臘盡春回這病更又沉重代儒也着了忙各處請醫療治皆不見效回後來吃獨參湯代儒如何有這力量只得往榮府來尋王夫人命鳳姐秤二兩給他（王夫人之慈若是）鳳姐回說前兒新近都替老太〻配了藥那整的太〻又說留着送楊提督的太〻配藥偏生昨兒我已送了去了王夫人道就是偺們這邊沒了你打發個人往你婆〻那邊問〻或是你珍大哥〻那府里再尋些來湊着給人家吃好了救人一命也是你的好處（夾寫王夫人）鳳姐聽了也不遣人去尋只得將些渣末泡鬚湊了幾錢命人送去只說太〻送來的再也沒了然後回王夫人只說都尋了來共湊了有二兩送去（然便有二兩獨參湯賈瑞固亦不能微好又豈能望好但鳳姐之毒何如是瑞之自失也）

那賈瑞此時要命心甚（的勝）無藥不吃只是白花錢不見效忽然這日有個跛足道人（自甄士隱隨君一去別來無恙否）來化齋口稱專治冤業之症賈瑞偏生在內就聽見了直着聲叫喊（如聞其聲不忍聽也）吾說快請進那位菩薩來救我一面在枕上叩首（如見其形吾不忍看也）眾人只得帶了那道士進來賈瑞一把拉住連叫菩薩救我（人之將死其言也哀作者如何下筆）那道士嘆道你這病非藥可醫我有個寶貝與你〻天〻看時此命可保矣說畢從褡褳中（妙極此褡連猶是士隱所擔背者乎）取出一面鏡子來（凡看書人從此細心體貼方許你看否則此書哭矣）兩面皆可照人（此書表裡皆有喻也）鏡把上面鏨着風月寶鑑四字（明點）遞與賈瑞道這物出自太虛玄境空靈殿上警幻仙子所製（言此書原空虛幻設）係專治邪思妄動之症（畢真）有濟世保生之功（畢真）所以帶他到世上單與那些聰明傑俊風雅王孫等看照（所謂無能紈袴是也）千萬不可照正面（觀者記之不要看這書正面方是會看）只照他的背面（記之）要緊〻〻

（朱批：與紅樓夢幻呼應）（朱批：讀人識得此句）

三日後吾来収取管叫你好了說畢佯常而去衆人苦留不住賈瑞收了鏡子想道這道士到有意思我何不照一照試〻想畢拿起風月鑑来向反面一照只見一個骷髏立在裡面（所謂好知青塚骷髏骨就是紅樓掩面人是也作者好苦心思）唬得賈瑞連忙掩了罵道士混賬如何嚇我我到再照〻〻正面是什庅想着又將正面一照只見鳳姐站在裡面招手叫他（奇絶）〔可怕是招手二字〕賈瑞心中一喜蕩悠〻的覺得進了鏡子（寫得奇峭真好筆墨）與鳳姐雲雨一番鳳姐仍送他出来到了床上嗳喲了一声一睜眼鏡子從手裡串過来仍是反着立着一個骷髏賈瑞自覺汗津〻的底下已遺了一灘精心中到底不足又翻過正面来只見鳳姐還招手叫他〻又進去如此三四次到了這次剛要出鏡子来只見两個人走来拿鉄鎖把他套住拉了就走（所謂醉生夢死也）賈瑞叫道讓我拿了鏡子再走（可憐大家齊来看此）只說這句就再不能說話了傍

此段有警醒語可以喚醒後人謂之為傳奇誰曰不宜 鑑堂識

邊伏侍賈瑞的衆人只見他先還拿着鏡子照落下来仍睜開眼拾在手内末
後鏡子落下来便不動了衆人上来看〻已沒了氣身子底下氷漬濕一大灘
精這纔忙着穿衣抬牀代儒夫婦哭的死去活来大罵道士是何妖鏡此書不免腐儒
一謗若不早燬此物凡野史俱可燬獨此書不可燬遺害于世不小腐儒遂命架火来燒只聽鏡内
哭道誰叫你們瞧正面了你們自已以假為真何苦来燒我觀者記之正哭着只見
那跛足道人從外面跑来喊道誰毀風月鑑吾来救也說着直入中堂搶入手
内飄然去了當下代儒料理喪事各處去報喪三日起經七日發引寄灵于鉄
檻寺所謂鉄門限是也先安一開路道之人以備秦氏仙柩有方也日後帶回原籍當下賈家衆人齊来弔問
榮國府賈赦贈銀二十兩賈政亦是二十兩寧國府賈珍亦有二十兩别者族
中貧富不等或三兩五兩不可勝數另有各同窓家分資也凑了二三十兩代

儒家道雖然淡薄到也豐々富々完了此事誰知這年冬底林儒海的書信寄来却為身染重疾寫書特来接林黛玉回去賈母聽了未免又加憂悶只得忙忙的打點代玉起身宝玉大不自在爭奈父女之情也不好攔勸于是賈母定要賈璉送他去仍叫帶回来一應土儀盤纏不消煩說自然要妥貼作速擇了日期賈璉與林代玉辭别了同人帶領僕從登舟往揚州去了要知端的且聽下回分解

此回忽遣代玉去者正爲下回可兒之文也若不遣去只寫可兒阿鳳等人却置代玉于荣府成何文哉固必遣去方好放筆寫秦方不脫發况代玉乃書中正人秦爲陪客豈因陪而失正耶後大觀園方是宝玉宝釵代玉等正緊文字前皆係陪襯之文也

脂硯齋重評石頭記卷之

第十三回

秦可卿死封龍禁尉　王熈鳳協理寧国府

話說鳳姐兒自賈璉送代玉往楊州去後心中實在無趣每到晚間不過和平兒說笑一回就胡乱睡了（胡乱二字奇）這日夜間正和平兒灯下擁炉倦繡早命濃薰繡被二人睡下屈指筭行程該到何處（所謂計程今日到梁州是也）不知不覺已交三鼓平兒已睡熟了鳳姐方覺星眼微朦恍惚只見秦氏從外走來含笑說道嬸子好睡我今日回去你也不送我一程因娘兒們素日相好我捨不得嬸子故來別你一別还有一件心愿未了非告訴嬸子別人未必中用（一語貶盡賈家一族空頂冠束帶者）鳳姐听了恍惚問道有何心愿你只管託我就是了秦氏道嬸〻你是個脂粉隊

里的英雄連那些束帶頂冠的男子也不能過你〻如何連兩句俗語也不曉得常言月滿則虧水滿則溢又道是登高必跌重如今我們家赫〻揚〻已將百載一日倘或樂極悲生若應了那句樹倒猢猻散的俗語豈不虛稱了一世的詩書旧族了鳳姐听了此話心胸大快十分敬畏忙問道這話慮的極是但有何法可以永保無虞秦氏冷笑道嬸子好癡也否極泰來榮辱自古週而復始豈人力能可保常的但于今能于榮時籌畫下將來衰時的世業亦可謂常保永全了即如今日諸事都妥只有兩件未妥若把此事如此一行則後日可保永全了鳳姐便問何事秦氏道今祖塋雖四時祭祀只是無一定的錢粮第二家塾雖立無一定的供給依我想來如今盛時固不缺祭祀供給但將來敗落之時此二項有何出處莫若依我定見趁今日富貴將祖塋附近多置田庄

非阿鳳不明盖古今名利場中患失之同意也

備戒二字酷有婦女口氣

樹倒猢猻散之語今猶在耳屈指卅五年矣哀哉傷哉寧不痛殺

房舍地畝以備祭祀供給之費皆出自此處將家塾亦設于此合同族中長幼大家定了則例日後按房掌管這一年的地畝錢粮祭祀供給之事如此週流又無爭競亦不有典賣諸敝便是有了罪凡物可入官這祭祀產業連官也不入的便敗落下來子孫回家讀書務農也有個退步祭祀又可永繼若目今以為榮華不絕不思後日終非長策眼見不日又有一件非常喜事真是烈火烹油鮮花着錦之盛要知道也不過是瞬息的繁華一時的歡樂萬不可忘了那盛筵不散的俗語此時若不早為後慮臨期只恐後悔無益了鳳姐忙問有何喜事秦氏道天機不可洩漏（伏的妙）只是我與嬸子好了一場臨別贈你兩句話須要記者曰念道三春去後諸芳盡各自須尋各自門（此句令批書人哭死）鳳姐還欲問時只聽二門上傳事雲板連叩四下將鳳姐驚醒人回東府蓉大奶奶沒了鳳姐聞聽嚇

（語語見道字字傷心讀此一段幾不知此身為何物矣 松齋）

（不必看完見此二句即欲墮淚 梅溪）

可從此批

松齋云好筆力此方是文字佳處

如在總是淡描輕寫全無痕跡方見得有生以來天分中自然所賦之性如此非因色所惑也

了一身冷汗出了一回神只得忙忙的穿衣往王夫人處來彼時合家皆知無不納罕都有些疑心那長一輩的想他素日孝順平一輩的想他素日和睦親密下一輩的想他素日慈愛以及家中僕從老小想他素日憐貧惜賤慈老愛幼之恩莫不悲嚎痛哭者〔八字乃為上人之當銘〕〔于五㝡老健〕闔言少叙却説寶玉因近日林代玉回去剩得自己孤恓也不和人頑耍（與鳳姐反對 淡淡寫來方是二人自幼 氣味相投可知後文皆非突然文字）每到晚間便索然睡了如今從夢中听見説秦氏死了連忙翻身爬起來只覺心中似戳了一刀的不忍哇的一声直奔出一口血來襲人等慌慌忙忙上來搊〔攙〕扶問是怎麽樣又要回賈母來請大夫寶玉笑道不用忙不相干這是急火攻心血不歸經説〔又淡淡抹去〕着便爬起來要衣服換了來見賈母即時要過去襲人見他如此心中雖不放下又不敢攔只是由他罷了賈母見他要去因説纔嚥氣的人那里不干淨二則

所謂曾參疊翠之法也野史中從無此法即觀者到此亦為寫秦氏未必全到豈料更又寫一尤氏哉

夜里風大等明早再去不遲宝玉那里肯依賈母命人備車多派跟隨人役擁護前来一直到了寧國府前只見府門洞開兩边燈籠照如白晝亂烘烘人来人往裡面哭声摇山振岳（寫大族之喪如此起緒）宝玉下了車忙忙奔至停靈之室痛哭一番然後見過尤氏誰知尤氏正犯了胃疼舊疾睡在床上（妙非此何然後又以出阿鳳）

緊處愈緊密處愈密

出来見賈珍彼時賈代儒代脩賈敕賈效賈敦賈赦賈政賈琮賈㻞賈珩賈珖賈琛賈瓊賈璘賈薔賈菖賈菱賈芸賈芹賈蓁賈萍賈藻賈蘅賈芬賈芳賈蘭賈菌賈芝等都来了

將賈族約畧一總觀者方不惑

賈珍哭的淚人一般正和賈代儒等說道合家大小遠近親友誰不知我這媳婦比兒子還強十倍如今伸腿去了可見這長房内絕滅無人了說着又哭起来衆人忙勸人已辭世哭也無益且商議如何料理要緊

淺淺一句勾出賈珍多少文字来

賈珍拍手道如何料理不過儘我所有罷了正說着只見秦業秦鍾並尤氏的

几個眷屬（伏後文）尤氏姊妹也都来了賈珍便命賈瓊賈琛賈璘賈薔四個人去陪客一面分付去請欽天監陰陽司来擇日擇準停靈七七四十九日三日後開喪送訃聞這四十九日単請一百単八衆禅僧在大廳上拜大悲識超度前亡後化諸魂以免亡者之罪另設一壇于天香樓上是九十九位全真道士打四十九日解寃洗業醮然後停靈于會芳園中靈前另外請五十衆高僧五十衆

可笑可嘆古今之儒中途多惑

高道对壇按七作好事那賈敬聞得長孫媳婦死了因自為早晚就要飛昇如何

老佛王隐梅云若能再加東坡十年壽亦能跳出這圈子来斯言信矣

肯又回家染了紅塵将前功盡棄呢因此並不在意只憑賈珍料理賈珍見父親不管亦發恣意奢華看板時幾副杉木板皆不中用可巧薛蟠来弔問因見賈珍尋好板便説道我們木店里有一副板叫作什麼檣木（檣者舟具也所謂人生若汎舟而已寧不可嘆）出在潢海鐵網山上（所謂迷津易墮塵網難逃也）作了棺材萬年不壞這還是當年先

寫个〃皆到全無安逸之筆深得金壺奧

父帶來原係義忠親王老千歲要的因他壞了事就不曾拿去現在還封在店

内也沒有人出價敢買你若要就抬來使罷賈珍聽說喜之不盡即命人抬來

大家看時只見幫底皆厚八寸紋若檳榔味若檀麝以手扣之玎璫如金玉大

家都奇異稱贊賈珍笑問價值幾何薛蟠笑道拿一千兩銀子來只怕也沒處

買去什麼價不價賞他們几兩工錢就是了賈珍聽說忙謝不盡即命解鋸糊

的是阿獃兒口氣

漆賈政因勸道此物恐非常人可享者殮以上等杉木也就是了夾寫賈政此時賈

政老有深意存焉

珍恨不能代秦氏之死這話如何肯聽因忽又聽得秦氏之丫嬛名喚瑞珠者

見秦氏死了他也觸柱而亡此事可罕合族人也都稱嘆賈珍遂以孫女之理

殮殯一並停靈于會芳園中之登仙閣小丫嬛名寶珠者因見秦氏身無所出

乃甘心愿為義女誓任摔喪駕靈之任賈珍喜之不盡即時傳下從此皆呼宝

珠為小姐那寶珠按未嫁女之喪在靈前哀哀欲絕于是合族人丁并家下諸
人都各遵舊制行事自不得紊亂（兩句寫盡大家）賈珍因想着賈蓉不過是個黌門監生（突然又起波瀾却不）
靈旛經榜上寫時不好看便是執事也不多因此心下甚不自在（善起波瀾）可巧這
日正是首七第四日早有大明宮掌宮內相戴權（大妙權也）先備了祭禮遣人來次
後坐了大轎打傘鳴鑼親來上祭賈珍忙接着讓至逗蜂軒（軒名可思）獻茶賈珍心
中打算定了主意因而趁便就說要與賈蓉蠲個前程的話戴權會意因笑道
想是為喪禮上風光些賈珍忙笑道老內相所見不差戴權道事到湊巧正有
個美缺如今三百員龍禁尉短了兩員昨兒襄陽侯的兄弟老三來求我現拿
了一千五百兩銀子送到我家里你知道偺們都是老相與不拘怎麼樣看着
他爺爺的分上胡亂應了（忙中寫閑）還剩了一個缺誰知永節度使馮胖子來求要

與他孩子蠲我就没工夫應他既是偺們的孩子要蠲（奇談盡閣官口吻）盡快寫個履歷來賈珍聽説忙吩咐快命書房里人恭敬寫了大爺的履歷來小厮不敢怠慢去了一刻便拿了一張紅紙來與賈珍賈珍看了忙送與戴權看時上面寫道

江寧府江寧縣監生賈蓉年二十歲曾祖原任京營節度使世襲一等神威將軍賈代化祖乙卯科進士賈敬父世襲三品爵威烈將軍賈珍

戴權看了回手便遞與一個貼身的小厮收了説道回來送與户部堂官老趙説我拜上他起一張五品龍禁尉的票再給個執照就把這履歷填上明兒我（自己）來兑銀子送去小厮荅應了戴權也就告辭了賈珍十分款留不住只得送去（出）府門臨上轎賈珍因問銀子還是我到部兑還是一並送入老相府中戴權道若到部里你又吃虧了不如平准一千二百銀子送到我家就完了賈珍感謝不盡只説待服

伏史湘雲應
條注解

蒲後親帯小犬到府叩謝于是作別接着便又聽喝道之声原来是忠靖侯史鼎的夫人来了伏史湘雲王夫人邢夫人鳳姐等剛迎入上房又見錦鄉侯川寧候壽山伯三家祭禮擺在靈前少時三人下轎賈政等忙接上大廳如此親朋你来我去也不能勝数只這四十九日寧國府街上一條白漫漫人来人往〔是有服親朋並家下人丁之盛〕花簇簇官去官来〔是来往祭弔之盛〕賈珍命賈蓉次日換了吉服領憑回来靈前供用執事等物俱按五品職例靈牌疏上皆寫天朝誥授賈門秦氏恭人之靈位會芳園臨街大門洞開旋在兩邊起了鼓樂廳兩班青衣按時奏樂一對對執事擺的刀斬斧齊更有兩面硃紅銷金大字牌位豎在門外上面大書

[就簡去繁]

對面高起着宣壇僧道對壇榜文榜上大書世襲寧

防護
内廷紫禁道
御前侍衛龍禁尉

國公冢（家）孫婦防護内庭御前侍衛龍禁尉賈門秦氏恭人之喪四大部州至中
之地奉天永（承運）建太平之國總理虛無寂靜教門僧録司正堂萬虛總理元始三
一教門道録司正堂葉生等敬謹修齋朝天叩佛以及恭請諸伽藍揭諦功曹
等神聖恩普錫神遠鎮四十九日消災洗業（孽）平安水（水）陸道塲等語亦不消煩（繁）記
只是賈珍雖然此時心意滿足但里面尤氏又犯了舊疾不能料理事務惟恐
各誥命來往虧了禮數怕人笑話因此心中不自在當下正憂（在愁）慮時因寶玉在側

賈珍是亂費可卿却寔如此

奇文若明指一州名似若西遊之套故曰至中之地不待言可知是光天化日仁風德雨之下矣不亡國名更妙可知是堯街舜

岺衣冠礼義之鄉矣直与第一回呼應相接

問道事〻都筭安貼[妥當]了大哥〻還愁什麽賈珍見問便將里面無人的話說了出來宝玉聽說笑道這有何难我薦一個人與你權理這一個月的事管必妥當賈珍忙問是誰宝玉見坐間還有許多親友不便明言走至賈珍耳邊說了兩句賈珍聽了喜不自禁連忙起身笑道果然安貼[妥當]如今就去說着拉了宝玉辭了衆人便往上房里來可巧這日非正經日期親友來的少里面不過几位近親堂客邢夫人王夫人鳳姐並合族中的內眷陪坐聞人報大爺進來了唬的衆婆娘唿的一声往後藏之不迭[素日行止可知]獨鳳姐款〻站了起來[又寫鳳姐]賈珍此時也有些病症在身二則過于悲痛了因拄個拐踱了進來[一絲不乱]邢夫人等因說道你身上不好又連日事多該歇〻纔是又進來做什麽賈珍一面扶拐扎挣着要蹲身跪下請安道乏邢夫人等忙叫宝玉攙住命人挪椅子來與他坐賈珍斷不肯坐

因免強陪笑道姪兒進来有一件事要求二位嬸子并大妹〻邢夫人等忙問
什庅事賈珍忙笑道嬸子自然知道如今孫子媳婦沒了姪兒媳婦偏又病倒
我看里頭着實不成個體統怎庅屈尊大妹〻一個月在這里料理〻〻我就
放心了邢夫人笑道原来為這個你大妹〻現在你二嬸子家只和你二嬸子
說就是了王夫人忙道他一個小孩子家何曾經過這些事倘或料理不清反
叫人笑話到是再煩別人好賈珍笑道嬸子的意思姪兒猜着了是怕大妹〻
劳苦了若說料理不開我包管必料理的開便是錯一点兒別人看着還是不
錯的從小兒大妹〻頑笑着就有殺伐決斷如今出了閣又在那府里辦事越
發歷練老成了我想了這几日除了大妹〻再無人了嬸子不看姪兒〻〻媳
婦的分上只看死了的分上罢說着滚下淚来王夫人心中怕的是鳯姐兒未

不見突然

阿鳯此刻心癢

三字愈令人可愛可怜

阿鳯身分

有筆力

経過喪事怕他料理不清惹人恥笑今見賈珍苦〻的説到這步田地心中巳
活了几分都又眼看着鳳姐出神那鳳姐素日最喜攬事辦好賣弄才幹雖然
当家妥當也因未辦過婚喪大事恐人還不伏爬不得遇見這事今見賈珍如
此一来他心中早巳歡喜先見王夫人不允後見賈珍説的情真王夫人有活
動之意便向王夫人道大哥〻説的這庅懇切太〻就依了罢王夫人悄〻的
道你可能庅鳳姐道有什庅不能的外面的大事巳経大哥〻料理清了不過
（王夫人是情言鳳姐是响应故称大哥〻）（巳得三昧矣）
是里頭着管〻〻（照看）便是我有不知道問〻（的）太〻就是了王夫人見説的有理便
不作声賈珍見鳳姐允了又陪笑道也管不得許多了横竪要求大妹〻辛苦
辛苦我這里先與妹〻行礼等事完了我再到那府里去謝（道）説着就作揖下去
鳳姐兒還礼不迭賈珍便閒（忙）向袖中取了寧国府對牌出来命宝玉送與鳳姐

又説妹〻愛怎様就怎様要什麽只管拿這個取去也不必問我只求别存心
替我省錢只要好看為上二則也要同那府里一様待人纔好不要存心怕人
抱怨只這兩件外我再没不放心的了鳳姐不敢就接牌只看着王夫人王夫
人道你哥〻既這麽説你就照看〻〻罷了只是别自作主意有了事打發人
問你哥〻嫂子要緊宝玉早向賈珍手里接過對牌来強遞與鳳姐了又問妹
妹住在這里還是天〻来呢若是天〻来越發辛苦了不如我這里赶着收拾
出一個院落来妹〻住過這几日到安穩鳳姐笑道不用（二字句有神）那邊也離不
得我到是天〻来的好賈珍聽説只得罷了然後又説了一回閑話方纔出去
一時女眷散後王夫人因問鳳姐你今兒怎麽様鳳姐兒道太〻只管請回去
我須得先理出一個頭緒来纔回去得呢王夫人聽説便先同邢夫人等回去

不在話下這里鳳姐兒来至三間一所抱厦内坐了曰想頭一件是人口混雜遺失東西第二件事無專執臨期推委第三件需用過費濫支冒領第四件任無大小苦樂不均第五件家人豪縱有臉者不服鈐束無臉者不能上進此五件實是寧国府中風俗不知鳳姐何處治且聽下回分解

正是　金紫萬千誰治國　裙釵一二可齊家

讀五件事未完余不禁失声大哭三十年前作書人在何處耶

通回將可卿如何死故隱去是大發慈悲心也嘆嘆　壬午春

脂硯齋重評石頭記卷之

第十四回

林儒海捐舘揚州城　賈寳玉路謁北静王

話説寧國府中都総管来昇聞得裡面委請了鳯姐因傳齊同事人等説道如

今請了西府里璉二奶〻管理内事倘或他来支取東西或是説話我們須要（此是都）

比往日小心些每日大家早来晚散寧可辛苦這一個月過後再歇着不要把

（揔管的語頭）

老臉丢了那是個有名的烈貨[口子]臉酸心硬一時惱了不認人的衆人都道有理

又有一個笑道論理我們裡面也須得他来整治〻都特不像了正説着只（伏線在二十板之慢差婦人）

見来旺媳婦拿了對牌来領取呈文京榜紙劄票上批着数目衆人連忙讓坐

倒茶一面命人按数取紙来抱着同来旺媳婦一路来至儀門口方交與来旺

寧府如此大家阿鳳如此身分豈有便貼身丫頭与家里男人答諾交事之理呢此作者忽畧之處

媳婦自己抱進了〔去〕鳳姐即命彩明定造簿冊即時傳来昇媳婦兼要家口花名冊来查看又限于明日一早傳齊家人媳婦進来聽差等語大槩點了一點数目单冊問了来昇媳婦几句話便坐車回家一宿無話至次日卯正二刻便過来了那寧国府中婆娘媳婦聞得到齊只見鳳姐正與来昇媳婦分派衆人不敢擅入只在窗外聽覰〔先站地步〕〔傳神之筆〕只聽鳳姐與来昇媳婦道既託了我〻就説不得要討你們嫌了我可比不得你們奶〻好性兒由着你們去再不要説〔此話听熟了一笑〕你們這府里原是這樣的話如今可要依着我〔宛轉得妙〕行錯我半點兒胷不得誰是有臉的誰是沒臉的一例現清白處治説着便吩咐彩明念花名冊按名一個〻〻的喚進来〔量才而用之〕看視一時看完便又吩咐道這二十個分作兩班一班十個每日在裡頭单管人客来往倒茶别的事不用他們管這二十個也分作兩班每日单管本家親

彩明係未冠小童阿鳳便于出入使令者老兄〔意〕並未前後看明是男是女乱加批駁可笑

且明寫阿鳳不識字之故
壬午春

戚茶飯別的事也不用他們管這四十個人也分作兩班单在灵前上香添油挂幔守灵供飯供茶隨起舉哀別的事也不與他們相干這四個人单在内茶房收管盃碟茶器若少一件便叫他四個描賠這四個人单管酒飯器皿少一件也是他四個描賠這八個单管監收祭禮這八個单管各處燈油蠟燭紙劄我總支了来交與你八個然後按我的定数再往各處去分派這三十個每日輪流各處上夜照管門戶監察火燭打掃地方這下剩的按着房屋分開某人守某處某處所有棹椅古董起至於痰盒撣帚一草一苗或丟或壞就和守這處的人筭賬描賠來昇家的每日攬總查看或有偷懶的賭錢吃酒的打架辦嘴的立刻来回我你有狥情經我查出三四輩子的老臉就顧不成了如今都有定規以後那一行亂了只和那一行說話素日跟我的人隨身自有鐘表不

論大小事我是皆有一定的時辰橫豎你們上房裡也有時辰鐘卯正二刻我
來點卯巳正吃早飯凡有領牌回事的只在午初刻（到）戌初燒過黃昏紙我親到（所謂先礼而）
各處查一遍回來上夜的交明鑰匙第二日仍是卯正二刻過來說不得偺們（後賓是也）
大家辛苦這幾日罷事完了你們家大爺自然賞你們說罷又吩咐按數發與（滑賊好收煞）
茶葉油燭雞毛撣子笤箒等物一面又搬取傢伙棹圍椅搭坐褥氈席痰盒脚
踏之類一面交發一面提筆登記某人管某處某人領某物開得十分清楚眾
人領了去也都有了投奔不似先時只揀便宜的做剩下的苦差沒個招攬各
房中也不能趁亂失迷東西便是人來客往也都安靜了不比先前一個正擺
茶又去端飯正陪舉哀又顧接客如這些無頭緒荒亂推托偷閒竊取等敝次
日一槩（都）蠲了鳳姐兒見自巳威重令行心中十分得意因見尤氏犯病賈珍

寫鳳之心机

寫鳳之珍貴

寫鳳之善變

寫鳳之驕大

如此寫得可嘆可笑

又過于悲哀不大進飲食自己每日從那府中煎(做)了各樣細粥精緻小菜命人送来勸食賈珍也另外吩咐每日送上等菜到抱厦内単與鳳姐那鳳姐不畏勤勞天〻于卯正二刻就過来點卯理事獨在抱厦内起坐不與衆妯娌合群便有堂客来往也不迎會這日乃五七正五日上那應佛僧正開方破獄傳燈照亡叅閻君拘都鬼筵請地藏王開金橋引幢幡那道士們正伏章申表朝三清叩玉帝禪僧們行香放燄口拜水懺又有十三衆尼僧搭繡衣靸紅鞋在靈前默誦接引諸咒十分熱鬧那鳳姐必知今日人客不少在家中歇宿一夜至寅正平兒便請起来梳洗及收拾完備更衣盥手吃了兩口奶子糖粳米粥漱口已畢已是卯正二刻了来旺媳婦率領諸人伺候已久鳳姐出至廳前上了車前面打了一對明角燈大書榮国府三個大字款〻来至寧府大門上門燈

郎掛兩邊一色戳燈照如白晝白漫漫（漫）穿孝僕（僕）從兩邊侍立請車至正門上小厮等退去衆媳婦上来揭起車簾鳳姐下了車一手扶着豐兒兩個媳婦執着手把燈罩簇擁着鳳姐進来寧府諸媳婦迎来請安接待鳳姐緩緩走入會芳園中登仙閣靈前一見了棺材那眼淚恰似斷線之珠滚將下来院中許多小厮垂手伺候燒紙鳳姐吩咐得一声供茶燒紙只听一棒鑼鳴諸樂齊奏早有人端過一張大圈椅来放在靈前鳳姐坐了放声大哭（這才行事寫不情之淚）于是裡外男女上下見鳳姐出声都忙忙接声嚎哭一時賈珍尤氏遣人来勸鳳姐方纔止住来旺媳婦獻茶漱口畢鳳姐方起身別過族中諸人自入抱厦内来按名查點各項人數都已到齊只有迎送親客上的一人未到（須得如此方見文章妙用余前批非謬）即命傳到那人已張慌愧懼（四字有神是有名姓上等人口氣）鳳姐冷笑道（凡鳳姐惱時偏偏用笑字是章法）我說是誰悞了原来是你你原比他們有體面所以

總不聽我的話那人道小的天〻都来的早只有今兒醒了覺得早些曰又睡
迷了来遲了一步求奶〻饒過這次正說着只見榮國府中的王興媳婦来了（偏用這等閒文間住）
在前探頭（慣起波瀾慣能忙中寫閑又慣用曲筆又慣綜錯真妙）鳳姐且不發放這人却先問王興媳（的是鳳姐作像）
婦作什広王興媳婦𢟍不得先問他完了事連忙進去說領牌取線打車轎網（是處事中用）
絡（物〻寫却）說着将個帖兒遞上去鳳姐命彩明念道大轎兩頂小轎四頂車四輛共用
大小絡子若干根用珠兒線若干斤鳳姐聽了數目相合便命彩明登記取榮
國府對牌擲下王興家的去了鳳姐方欲說話時見榮國府的四個執事人進
来都是要（全）支取東西領牌来的鳳姐命他們要了帖（子）念過听了一共四件指
兩件說道這兩件開銷錯了再筭清了来取說着擲下帖子来那二人掃興而（好看煞這等文字）
去鳳姐曰見張材家的（又一頓挫）在傍因問你有什広（事）張材家的忙取帖兒回說就是方

緫車轎圍作成領取裁縫工銀若干兩鳳姐听了便収了帖子命彩明登記待
王與交過牌得了買辦的回押相符然後方與張材家的去領一面又命念那
却從閙中又引出一件關係文字
一個是爲宝玉外書房完竣支買紙料糊裱鳳姐听了即命収帖兒登記待張
接得緊且無痕跡是山斷雲連法也
材的繳清又發與這人去了鳳姐便說道明兒他也睡迷了後兒我也睡迷了
将來都沒了人了本來要饒你只是我頭一次寬了下次人就难管不如現開發
的好登時放下臉來喝命帶出去打二十板子一面又擲下寧国府对牌出去說
二字如神
與來昇革他一月銀米衆人听說又見鳳姐眉立知是惱了不敢怠慢拖人的
出去拖人執牌傳諭的忙去傳諭那人身不由己已拖出去挨了二十大板还
要進來叩謝鳳姐道明日再有悮的打四十後日的六十有要挨打的只管悮說
着吩咐散了罷窓外衆人听說方各自執事去了彼時寧国榮国兩處執事領

牌交牌的人来人往不絕那抱愧被打之人含羞去了（又伏下文非獨為阿鳳之威勢費此一段筆墨）這纔知道鳳姐利害衆人不敢偷閑自此兢兢業業（收什得好）執事保全不在話下如今且說（忙中閒筆）宝玉因見今日人衆恐秦鐘受了委曲因默與他商議要同他往鳳姐處来坐秦鐘道他的事多況且不喜人去偺們去了他豈不煩膩（純是體貼人情）宝玉道他怎好膩我們不相干只管跟我来說着便拉了秦鐘直至抱厦鳳姐纔吃飯見他們来了便笑道好長腿子快上来罷（家常戲言畢肖之至）宝玉道我們偏了鳳姐道在這邊外頭吃的還是那邊吃的宝玉道這边同那些渾人吃什麼（奇稱試問誰是清人）原是那邊我們两個同老太太吃了来的一面歸坐鳳姐吃畢飯就有寧国府中的一個媳婦来領牌為支取香燈事鳳姐笑道我筭着你們今兒該来支取總不見来想是忘了這會子到底来取要忘了自然是你們包出来都便宜了我那媳婦

笑道何嘗不是忘了方纔想起來再遲一步也顧不成了說罷領牌而去一時（下人迎合湊趣必真）
登記交牌秦鍾因笑道你們兩府里都是這牌倘或別人私弄一個支了銀子（小人語）（寫不理家務公子之語）
跑了怎樣鳳姐笑道依你說都沒王法了宝玉因道怎麽咱們家沒人領牌子（補前文之未到）
做東西鳳姐道人家來領的時候你還做夢呢我且問你ゝ們這夜書多早晚（言其是也）
纔念呢宝玉道巴不得這如今就念纔好他們只是不快收拾出書房來這也
無法鳳姐笑道你請我一請包管就快了宝玉道你要快也不中用他們該作
到那里的自然就有了鳳姐笑道便是他們作也得要東西擱不住我不給对（坊中知有鍊字一法不期於石頭記中多得其妙）
牌是難的宝玉聽說便猴向鳳姐身上要牌立刻說好姐ゝ給出牌子來叫他
們要東西去鳳姐道我乏的身子上生疼還擱的住揉搓你放心罷今兒纔領（的了不得）（你）
了紙裱糊去了他們該要的還等叫去呢可不傻了宝玉不信鳳姐便叫彩明

顰兒方可長居榮府之交

查冊子與宝玉看了正鬧着人回蘇州去的人昭兒来了（接得好）鳳姐急命喚進来昭兒打千兒請安鳳姐便問回來做什広的昭兒道二爺打發回来的林姑老爺是九月初三日巳時沒的二爺帶了林姑娘（暗寫代玉）同送林姑老爺靈到蘇州大約赶年底就回来二爺打發小的来报個信請安討老太々示下還瞧々奶々家里好呌把大毛衣服帶几件去鳳姐道你見過别人了沒有昭兒道都見過了說畢連忙退去鳳姐向宝玉笑道你林妹々可在偺們家住長了（此係無意中之有意妙）宝玉道了不得想来這几日他不知哭的怎樣呢說着蹙眉長嘆鳳姐見昭兒回来曰當着人未及細問賈璉心中自是記掛待要回去争奈事情繁一時去了恐有遲失悮惹人笑話少不得奈（耐）到晚上回来復令昭兒進来細問一路平安信息連夜打点大毛衣服和平兒親自撿点包裹再細々追想所需何物一並包藏交

付昭兒又細〻吩咐昭兒在外好生小心伏侍不要惹你二爺生氣時〻勸他
少吃酒别勾引他認得混賬老婆回來打折你的腿此一句最要緊等語趕乱完了天
伏綫已四更将盡縱睡下又走了因不免天明鷄唱忙梳洗過寧府中來那賈珍因
見發引日近親自坐車帶了陰陽司吏往鐵檻寺來踏看寄灵所在又一〻囑
咐住持色空好生預備新鮮陳設多請名僧以備接靈使用色空忙看晚齋賈珍
也無心茶飯因天晚不得進城就在淨室胡乱歇了一夜次日早便進城來料
理出殯之事一面又派人先往鐵檻寺連夜另外修飾停灵之處並厨茶等項接
灵人口坐落里面鳳姐見日期有限也預先逐細分派料理一面又派榮府中車轎人夫
從跟王夫人送殯又顧自己送殯去占下處目今正值繕国公誥命亡故王
邢二夫人又去打祭送殯西安郡王妃華誕送壽礼鎮国公誥命生了長男預

果然有这些事

此為病源

後文方不突然

總得好

倫賀禮又有胞兄王仁連家眷回南一面寫家信禀叩父母並帶往之物又有迎春染病每日請醫服藥看醫生啟帖症源藥按等事亦難盡述又兼發引在邇因此忙的鳳姐茶飯也沒工夫吃得坐卧不能清凈剛到了榮府寧府的人又跟到寧府既回到榮府寧府的人又找到榮府鳳姐見如此心中到十分歡喜並不偷安推托恐落人褒貶因此日夜不暇籌畫得十分的整肅于是合族上下無不稱嘆者這日伴宿之夕裡面兩班小戲並耍百戲的與親朋堂客伴宿尤氏猶卧于內室一應張羅款待獨是鳳姐一人週全承應合族中雖有許多妯娌但或有羞口的或有羞脚的或有不慣見人的或有懼貴怯官的種々之類俱不及鳳姐舉止舒徐言語慷慨珍貴寬大因此也不把眾人放在眼里揮霍指示任其所為目若無人（寫秦氏之喪却只為鳳姐一人）一夜中燈明火彩客送官迎

那百般熱鬧自不用說的至天明吉時已到一般六十四名青衣請靈前面銘
旌上大書奉天洪建兆年不易之朝誥封一等寧国公冢孫婦防護

兆年不易之朝

永治太平之國

内庭紫禁道

奇甚妙甚

御前侍值龍禁尉享強壽賈門秦氏恭人之靈位一應執事陳設皆係現趕着新
做出來的一色光艷奪目宝珠自行未嫁女之禮外摔喪駕靈十分哀苦那時
官客送殯的有鎮国公牛清之孫現襲一等伯牛継宗理国公柳彪之孫現襲
一等子柳芳齊国公陳翼之孫世襲三品威鎮將軍陳瑞文治国公馬魁之孫
世襲三品威遠將軍馬尚修国公侯曉明之孫世襲一等子侯孝康繕国公誥
命亡故故其孫石光珠守孝不曾來得這六家與寧榮二家當日所稱八公的
便是餘者更有南安郡王之孫西寧郡王之孫忠靖侯史鼎平原侯之孫世襲

牛丑也清屬水子也柳折卯字彪折虎字寅字寓焉陳即辰翼火為蛇巳字寓焉馬午也魁折鬼字鬼金羊未字

寓為候猴同音申也晓鳴鷄也酉字寓為石即豕亥字寓為其祖曰守業即守鎮也犬字寓為所謂十二支寓為

二等男蔣子寧定城候之孫世襲二等男蕙京營游擊謝鯨襄陽候之孫世襲二等男戚建輝景田候之孫五城兵馬司裘良餘者錦鄉伯公子韓奇神武将軍公子馮紫英陳也俊衛若蘭等諸王孫公子不可枚数堂客筭来亦有十来頂大轎三四十小轎連家下大小轎車輌不下百餘十乗連前面各色執事陳設百耍浩〻蕩〻一帶擺三四里遠走不多時路傍彩棚高搭設席張筵和音奏楽俱是各家路祭第一座是東平王府祭棚第二座是南安郡王祭棚第三座是西寧郡王第四座是北静郡王的原来這四王當日惟北静王功高及今子孫猶襲王爵現今北静王水溶年未弱冠生得形容秀美情性謙和近聞寧國公冢孫婦告殂因想當日彼此祖父相與之情同難同榮未以異性姓相視因此不以王位自居上日也曽探喪上祭如今又設路奠命麾下各官在此伺候

自巳五更入朝公事以畢便換了素服生大轎鳴鑼張傘而來至棚前落轎手下各官兩傍擁侍軍民人衆不得往還一時只見寧府大殯浩〻蕩〻壓地銀山一般從北而至早有寧府開路傳事人看見連忙回去報與賈珍〻〻急命前面駐扎同賈赦賈政三人連忙迎來以國礼相見水溶在轎内欠身含笑答礼仍以世交稱呼接待並不妄自尊大賈珍道犬婦之喪累蒙郡駕下臨蔭生輩何以克當水溶笑道世交之誼何出此言遂回頭命長府官主祭代奠賈赦等一傍還礼畢復身又來謝恩水溶十分謙遜因問賈政道那一位是啣宝而誕者几次要見一見都為雜冗所阻想今日是来的何不請来一會賈政听説忙回去急命宝玉脫去孝服領他前来那宝玉素日就曾听得父兄親友人等說閑話時讚水溶是個賢王且生得才貌双全風流瀟洒每不以官俗国体所

数字道盡声势 壬午春 畸笏老人

忙中閒筆點綴玉兄方不失正文中之正人作者良苦 壬午季春 畸笏

縛每思相會只是父親拘束嚴密無由得會今見反來叫他自是歡喜一面走一面早瞥見那水溶坐在轎内好個儀表人材不知近看時又是怎樣且聽下回分解

此回將大家喪事詳细剔盡如見其氣槩如聞其聲音絲毫不錯作者不負大家後裔

寫秦死之盛賈珍之奢寔是却寫得一箇鳳姐

脂硯齋重評石頭記卷之

第十五回

王鳳姐弄權鉄檻寺　秦鯨卿得趣饅頭庵

話說寶玉舉目見北静王水溶頭上帶着潔白簪纓銀翅王帽穿着江牙海水五爪坐龍白蟒袍繫着碧玉紅鞓帶面如美玉目似明星真好秀麗人物寶玉忙搶上來叅見水溶連忙從轎内伸出手來挽住見寶玉帶着束髮銀冠勒着雙龍出海抹額穿着白蟒箭袖圍着攢珠銀帶面若春花目如點漆（又換此一句如此其形）水溶笑道名不虛傳果然如寶似玉因問啣的那寶貝在那里寶玉見問連忙從衣内取了遞與過去水溶細々的看了又念了那上頭的字因問果靈驗否賈政忙道雖如此說只是未曾試過水溶一面極口稱奇道異一面理好綵

八字道盡玉兄如此等方是玉兄正文寫照

王文季春

絛親自與宝玉帶上 鍾愛之至 又携手問宝玉几歲讀何書宝玉一〻的荅應水溶見他語言清楚談吐有致一面又向賈政笑道令郎真乃龍駒鳳雛非小王在世翁前唐突將来雛鳳清于老鳳声未可諒也 妙極開口便是西崑體宝玉聞之寧不刮目哉 賈政忙陪笑道犬子豈敢謬承金奬賴藩郡餘貞果如是言亦廕生輩之幸矣水溶又道只是一件令郎如是資質想老太夫人夫人輩自然鍾愛極矣但吾輩後生甚不宜鍾溺〻〻則未免荒失学業昔小王曾蹈此轍想令郎亦未必不如是也若令郎在家難以用功不妨常到寒第小王雖不才却多蒙海上衆名士凡至都者未有不另垂青目是以寒第高人頗聚令郎常去談會〻〻則学問可以日進矣賈政忙躬身荅應水溶又將腕上一串念珠卸了下来遞與宝玉道今日初會倉促竟無敬賀之物此係前日聖上親賜鶺鴒香念珠一串權爲賀敬

之礼宝玉連忙接了回身奉與賈政〻〻與宝玉一齊謝過于是賈赦賈珍等（轉出沒調教）
一齊上来請回輿水溶道逝者已登仙界非碌〻你我塵寰中之人也小王雖
上叩天恩虛邀郡襲豈可越仙輀而進也賈赦等見執意不從只得告辭謝恩
回来命手下掩樂停音滔〻然將殯過完方讓水溶回輿去了不在話下且説（有層次好看煞）
寧府送殯一路熱閙非常剛至城門前又有賈赦賈政賈珍等諸同僚屬下各
家祭棚接祭一〻的謝過然後出城竟奔鐵檻寺大路行来彼時賈珍帶賈蓉
来到諸長輩前讓坐轎上馬因而賈赦一輩的各自上了車轎賈珍一輩的也
將要上馬鳳姐兒因記掛着宝玉怕他在郊外縱性逞強不服家人的話賈政（细〻人自因如是）
管不着這些〻小事惟恐有個失閃難見賈母因此便命小廝来喚他宝玉只得
来到他車前鳳姐笑道好兄弟你是個尊貴人女孩兒一樣的人品非此一句宝玉必不

依阿鳳真好才情　别學他們猴在馬上下来俗們姐兒兩個坐車豈不好宝玉听説忙
下了馬爬入鳳姐車上二人説笑前来不一時只見從那邊两騎馬壓地飛来（有氣有聲有形）
（有影）離鳳姐車不遠一齊蹿下来扶車回説這里有下處奶〻請歇更衣鳳姐急命
請邢夫人王夫人的示下那人回来説太〻們説不用歇了叫奶〻自便罷鳳（有次序）
姐听了便命歇了再走衆小厮听了一帶轅馬岔出人群往北飛走宝玉在車
内急命請秦相公那時秦鐘正騎馬隨着他父親的轎忽見宝玉的小厮跑来
請他去打尖秦鐘看時只見鳳姐兒的車往北而去後面拉着宝玉的馬搭着
鞍籠便知宝玉同鳳姐坐車自己也便帶馬趕上来同入一庄門内早有家人
将衆庄漢攆盡那時庄人家無多房舍婆娘們無處廻避只得由他們去了那
些村姑庄婦見了鳳姐宝玉秦鐘的人品衣服礼數款段豈有不愛看的一時

鳳姐進入茅堂因命宝玉等先出去頑頑宝玉等會意因同秦鐘出來帶着小厮們各處遊玩凡庄農動用之物皆不曾見過（真真畢真）宝玉一見了鍬钁鋤犁等物皆以為奇不知何項所使其名為何（凡膏粱子弟齊來着眼）小厮在傍一一的告訴了名色說明原委宝玉聽了（也蓋因未見之故也）因點頭嘆道怪道古人詩上說誰知盤中餐粒粒皆辛苦正為此也（聰明人自是一喝即悟）一面說一面又至一間房前只見炕上有個紡車宝玉又問小厮們這又是什麼小厮們又告訴他原委宝玉聽說便上來擰轉作耍自為有趣只見一個約有十七八歲的村庄丫頭跑了來乱嚷（天生地）別動壞了（後□文）眾小厮忙斷喝攔阻宝玉忙丟開手陪笑說道我因為沒見過這個所以試他一試那丫頭道你們那里會弄這個跕開了（三字如闻）我紡與你瞧秦鐘暗拉宝玉笑道此卿（忙中閑筆却伏下文）大有意趣宝玉一把推開笑道該死的（玉兄身分本心如此）再胡說我就打了說着只見

（寫玉兄正文總于此等處作者良苦　壬午季春）

（一忙字二陪笑字寫玉兄是在女兒分上　壬午季春）

若說話便不是石頭記中文字也

那丫頭紡起線來寶玉正要說話時只聽那边老婆子叫道二丫頭快過來那丫頭聽見丟下紡車一逕去了寶玉悵然無趣（處處点情又伏下一段後文）只見鳳姐兒打發人來叫他兩個進去鳳姐洗了手換衣服抖灰問他們換不換宝玉不換只得罷了家下僕婦們將帶着行路的茶壺茶盃十錦屜盒各樣小食端來鳳姐等吃過茶待他們收什完備便起身上車外面旺兒預備下賞封賞了本村主人庄婦等來叩賞鳳姐並不在意宝玉却留心看時內中並無二丫頭（妙在不見）一時上了車出來走不多遠只見迎頭二丫頭懷里抱着他小兄弟同着几個小女孩子說笑而來（妙在此時方見錯綜之妙如此）宝玉恨不得下車跟了他去料是衆人不依的少不得以目相送爭奈車輕馬快（四字有文章人生難聚亦未嘗不如此也）一時展眼無踪走不多時仍又跟上大殯了早有前面法鼓金鐃幢幡寶蓋鉄檻寺接灵衆僧齊至少時到入寺中另

演佛事重設香壇安靈于內殿個室之中寶珠安理寢室相伴外面賈珍款待一應親友也有擾飯的也有不吃飯而辭的一應謝過之從公候伯子男一起一起的散去至未末時分方纔散盡了裡面的堂客皆鳳姐張羅接待先從顯官誥命散起也到晌午大錯時方散盡了只有几個親戚是至近的等做過三日安靈道塲方去那時邢王二夫人知鳳姐必不能來家也便宜要進城王夫人要帶寶玉去寶玉乍到郊外那里肯回去只要跟鳳姐住着王夫人無法只得交與鳳姐便回來了原來這鐵檻寺原是寧榮二公當日修造現今還是有香火地畝布施以備京中老了人口在此便宜寄放其中陰陽兩宅俱已預備妥貼（大凡創業之人無有不為子孫深謀至細奈後輩仗一時之榮顯猶為不足另生枝葉雖華麗過先奈不常保亦是可嘆爭及先人之常保其朴哉）（近世浮華子弟齊来着眼）好為送靈人口寄居（祖宗為子孫之心細到如此）不想如今後輩人口繁盛其

石頭記摠于沒
要緊處閑三二

筆寫正文筋骨看官當用巨眼不為被瞞过方好　壬午季春

中貧富不一或性情參商（所謂源遠水則濁枝繁果則稀余為天下痴心祖宗為子孫謀千年業者痛哭）有那家業艱難安分的（妙在艱难就安分富貴則不安分矣）便住在這里了有那尚排場有錢勢的只說這里不方便一定另外或村庄或尼庵尋個下處為事畢宴退之所（真ゝ喜賢祖宗體貼子孫之心）即今秦氏之喪族中諸人皆權在鐵檻寺下榻獨有鳳姐嫌不方便（不用說阿鳳自然不肯將就一刻的）因而早遣人來和饅頭庵的姑子淨虛說了騰出兩間房子來作下處原來這饅頭庵就是水月寺因他廟里做的饅頭好就起了這個渾號離鐵檻寺不遠（前人詩云縱有千年鐵門限終須一個土饅頭是此意故不遠二字有文章）當下和尚工課已完奠過晚茶賈珍便命賈蓉請鳳姐歇息鳳姐見還有几個妯娌陪着女親自已便辭了眾人帶了宝玉秦鐘往水月庵來秦業年邁多病伏不能在此只命秦鐘等待安靈罷了那秦鐘便只跟着鳳姐宝玉一時到了水月庵淨虛帶領

智善智能兩個徒弟出来迎接大家見過鳳姐等来至淨室更衣淨手畢因見智能兒越發長高了模樣兒越發出息了因說道你們師徒怎麼這些日子也不往我們那里去淨虛道可是這几天都沒工夫因胡老爺府里產了公子太太送了十兩銀子来這里叫請几位師父念三日血盆經忙的沒個空兒就沒来請奶ゝ的安（虛陪一個胡姓妙言是胡塗人之所為也）不言老尼陪着鳳姐且說秦鐘宝玉二人正在殿上頑耍因見智能過来宝玉笑道能兒来了秦鐘道理那東西作什麼宝玉笑道你別弄鬼那一日在老太ゝ屋里一個人沒有你摟着他作什麼這會子還哄我（補出前文未到處思秦鐘近日在榮府所為可知矣）秦鐘笑道這可是沒有的話宝玉笑道有沒有也不管你你只叫住他倒碗茶来我吃就丟開手秦鐘笑道這又奇了你叫他倒去還怕他不到何必要我說呢宝玉道我叫他倒是無情意的不及

你叫他到的是有情意的（緫作如是等奇語）秦鐘只得説道能兒到碗茶来給我那智
能兒自幼在荣府走動無人不識曰常與宝玉秦鐘頑笑他如今大了漸知風
月便看上了秦鐘人物風流那秦鐘也極愛他妍媚二人雖未上手却已情投
意合了（不愛宝玉却愛秦鐘弄是各有情孽）今智能見了秦鐘心眼俱開走去到了茶来秦鐘笑
説給我（如聞其声）宝玉叫給我智能兒抿嘴笑道一碗茶也争我难道手里有蜜（一語
畢肖如聞其語觀者已自酥倒不知作者從何着想）宝玉先搶得了吃着方要問話只見智善来叫智
能去擺茶碟子一時来請他兩個去吃茶菓點心他兩個那里吃這些東西生一
生仍出来頑耍鳳姐也畧坐片時便回至浄室歇息老尼相送此時衆婆娘媳
婦見無事都陸續散了自去歇息跟前不過几個心服常侍小禪（婢）老尼便趂機
説道我正有一事要到府里求太〻先請奶〻一個示下鳳姐曰問何事老尼

道阿弥陀佛 開口稱佛畢 可嘆可笑 有 只曰當日我先在長安縣内善才庵 才字妙 内出家
的時節那時有個施主姓張是大財主他有個女兒小名金哥 俱從財一字上發出 那
年都往我庙里来進香不想遇見了長安府〻太爺的小旧子李衙内那李衙
内一心看上要娶金哥打發人来求親不想金哥已受了原任長安守備的公
子的聘定張家若退親又怕守備不依曰此説已有了人家誰知李公子致意
不依定要娶他女兒張家正無計策兩處為难不想守備家听了此信也不管
清紅皂白便来作賤辱罵説一個女兒許几家偏不許退定礼就打官司告狀
趕来 守備一聞便問斷無此理此必是張家懼府尹之勢必先退定礼守備方不從或有之此時老尼只欲與張家完事故将此言遮飾以便退親受張家之賄也 那張家急了 如何便急了話無頭緒可知張家礼缺此係作者巧摹老尼無頭緒之語莫認作者無頭緒正是神處奇處摹一人一人必到帋上活見 只得着人上京来尋門路賭氣偏要退定礼 如何的是張家要與府尹攀親 我想如今

長安節度雲老爺與府上最契可以求太〻與老爺說声打發一封書去求雲老爺和那守備說一声不怕那守備不依若是肯行張家連傾家孝順也都情願（壞極妙極若與府尹攀了親何惜張財不能再得小人之心如此良民遭害如此）鳳姐听了笑道這事到不大只是太〻再不管這樣的事老尼道太〻不管奶〻也可以主張了鳳姐听說笑道我也不等銀子使也不做這樣的事淨虛听了打去妄想半晌嘆道雖

口是心非如聞已見

一嘆轉出

多少至惡不畏之文来

如此說張家已知我來求府里如今不管這事張家不知道沒工夫管這事不希罕他的謝礼到像府里連這点子手段也沒有的一般鳳姐听了這話便發了與頭說道你是素日知道我的從來不信什麼是陰司地獄報應的憑是什麼

批書人深知卿有是心嘆〻

事我說要行就行你叫他拿三千銀子來我就替他出這口氣老尼听說喜不自禁忙說有〻這個不難鳳姐又道我比不得他們扯蓬拉牽的圖銀子這三

欺人太甚

閨閣營謀說事雖〻被此等語惑了

對如是之奸尼阿鳳不得不如是之語

千銀子不過是給打發説去的小厮做盤纏使他賺几個辛苦錢我一個錢也不要他的便是三萬両我此刻也拿的出来（阿鳳欺人如此）老尼連忙荅應又説道既如此奶ゝ明日就開恩也罷了鳳姐道你瞧ゝ我忙的那一處少了我既應了你自然快ゝ的了結老尼道這點子事在别人的跟前就忙的不知怎么樣若是奶ゝ的跟前再添上些也不勾奶ゝ一發揮的只是俗語説的能者多勞太太因大小事見奶ゝ妥貼越性都推給奶ゝ了奶ゝ也要保重金體纔是一路話奉承的鳳姐越發受用也不顧勞乏更攀談起来（縱寫阿鳳聪明中痴人）誰想秦鍾趂黑無人来尋智能剛至後面房中只見智能獨在房中洗茶碗秦鍾跑来便摟着親嘴智能急的跺脚説着這筭什么再這么我就叫喚秦鍾求道好人我已急死了你今兒再不依我就死在這里智能道你想怎樣除非等我出了這牢

寔表奸淫尼庵之事如此 壬午季春

若歷寫完則不是石頭記文字了　壬午季春

坑離了這些人纔依你秦鐘道這也容易只是遠水救不得近渴說着一口吹

了燈滿屋漆黑將智能抱到炕上就雲雨起來那智能百般的掙挫不起又不

此處寫小小風波事亦在人意外誰知爲小秦伏線大有根處

還是不肯叫

好叫的少不得依他了正在得趣只見一人進來將他二人按住也不則声二

人不知是誰唬的不敢動一動只聽那人嗤的一声掌不住笑了二人聽声方

請掩卷細思此刻形景真可噴飯歷來風月文字可有此趣味者

是宝玉秦鐘連忙起來抱怨道這算什麽宝玉笑道你到不依偺們就叫喊起

來羞的智能趁黑地跑了宝玉拉了秦鐘出來道你可還和我強秦鐘笑道好

前注二

字極智能今又極玉兄看官細思

人你只別嚷的衆人知道你要怎樣我都依你宝玉笑道這會子也不用說等

一會睡下再細細的筭帳一時寬衣安歇的時節鳳姐在里間秦鐘宝玉在外

間滿地下皆是家下婆子打鋪坐更鳳姐因怕靈玉失落便等宝玉睡下命人

拿來塞在自己枕边宝玉不知與秦鐘筭何賬目未見真切未曾記得此係疑

案不敢纂創忽又作如此評斷似自相矛盾却是最妙之文若不如此隱去則又有何妙文可寫哉這方是世人意料不到之大奇筆若通部中萬〻件細微之事俱備石頭記真亦竟太死板矣故特曰此二三件隱事借石之未見真切淡隱去越竟浮雲烟渺茫之中無限丘壑在焉

一宿無話至次日一早便有賈母王夫人打發了人來看寶玉又命多穿兩件衣服無事寧可回去寶玉那里肯回去又有秦鍾戀着智能調唆寶玉求鳳姐再住一天鳳姐想了一想一想便有許多的好處真好阿鳳凡喪儀大事雖妥還有一半點小事未曾安插可以指此再住一日豈不又在賈珍跟前送了滿情二則又可以完淨虛那事三則順了寶玉的心賈母聽見豈不歡喜因有此三益世人只云一舉兩得獨阿鳳一舉更添一便向寶玉道我的事都完了你要在這里瞎少不得越性辛苦一日罷了明兒可是定要走的了寶玉聽說千姐〻萬姐〻的央求只住一日明兒必回去的于是又住了一夜鳳姐便命悄〻將昨日老尼之事說與來旺兒來

旺兒心中俱已明白急忙進城找着主文的相公假托賈璉所囑修書一封不細
連夜往長安縣來不過百里路程兩日工夫俱已妥協那節度使名喚雲光久
見賈府之情這點小事豈有不允之理給了回書旺兒回來且不在話下一語過下
却說鳳姐等又過一日次日方別了老尼着他三日後往府里去討信回過至下
那秦鐘與智能百般不忍分離背地里多少幽期密約俱不用細述只得含恨
而別鳳姐又到鉄檻寺中照望一番宝珠致意不肯回家賈珍只得派婦女相
伴後回再見

脂硯齋重評石頭記

第十六回

賈元春才選鳳藻宮　秦鯨卿夭逝黃泉路

話說宝玉見收拾了外書房約定與秦鍾讀夜書偏那秦鍾秉賦最弱因在郊外受了些風霜又與智能兒偷期綣繾（忽嘆這樣無能却是寫与人看）未免失于調養回來時便咳嗽傷風懶進飲食大有不勝之態遂不敢出門只在家中養息（為下文伏線）宝玉便掃了興頭只淂付于無可奈何且自靜候大愈時再約（所謂好事多魔也　脂研）那鳳姐兒已是淂了雲光的回信俱已妥協老尼達知張家果然那守備忍氣吞声的受了前聘之物誰知那張家父母如此愛勢貪財却養了一個知義多情的女兒（所謂老鴉窩裏出鳳凰此女是在十二釵之外付者）聞淂父母退了前夫他便一條麻繩悄〻的自縊了那守備之子聞淂金哥自縊他

也是個極多情的遂也投河而死不負妻義張李兩家沒趣真是人財兩空這

不負美滿夫妻

里鳳姐却坐享了三千兩王夫人等連一点消息也不知道自此鳳姐胆識愈

如何消檄造業者不知自有知者

壯以後有了這樣的事便姿意的作為起來也不消多記一段收拾過阿鳳心機胆量真與雨村是一對乱世之奸雄後文不必細寫其事則知其平生之作為回首时無怪乎其慘痛之態使天下痴心人同来一警或萬期共入于恬然自得之鄉矣脂研

一日正是賈政的生辰寧榮二處人丁都齊集慶賀閙熱非常忽有門吏忙〻

進来至席前報説有六宫都太監夏老爺来降旨唬的賈政等一干人不知是

何消息忙止了戲文撤去酒席擺了香案啓中門跪接早見六宫都太監夏守忠

乘馬而至前後左右又有須多内監跟從那夏守忠也並不曾負詔捧勅至簷

下馬滿面笑容走至廳上南面而立口内説特旨立刻宣賈政入朝在臨敬殿

陛見説畢也不及吃茶便乘馬去了賈赦等不知是何兆頭只得即忙更衣入

潑天喜事却如此開宗出人意料外之文也　壬午季春

朝賈母等合家人等心中皆惶(恐)不定不住的使人飛馬來往報信有兩個時辰
工夫忽見賴大等三四個管家喘吁吁跑進儀門報喜又說奉老爺命速請老
太太帶領太太等進朝謝恩等語那時賈母正心神不定在大堂廊下佇立那
【慈母愛子寫盡。廊下】
邢夫人王夫人尤氏李紈鳳姐迎春姊妹以及薛姨媽等皆在一處听如此信
【佇立与日暮倚廬仍悵望對景全掩卷而泣】
【日暮倚廬仍悵望南漢先生句也】
至賈母便喚進賴大來細問端的賴大稟道小的們只在臨敬門外伺候里頭
的信息一槩不能得知後來还是夏太監出來道喜說咱們家大小姐晉封為
鳳藻宮尚書加封賢德妃後來老爺出來亦如此吩咐小的如今老爺又往東
【字眼留神方人】
宮去了速請太太領衆去謝恩賈母等听了方心神安定不免又都洋洋喜氣
【之常情】
盈腮于是都按品大小粧起(乘)來了賈母帶領邢夫人王夫人尤氏一共四乘大
轎入朝賈赦賈珍亦換了朝服帶領賈蓉賈薔奉侍賈母大轎前往于是寧榮

凡用宝玉収什倶是大関鍵

兩處上下裡外莫不欣然踴躍個〻面上皆有得意之壯言笑鼎沸不絕誰知

忽然接水月菴似大脫泄及讀至後方知為緊收此大段有如歌疾凋迫

近日水月菴的智能私逃進城找至秦鐘家下看視秦鐘不意被秦業知覺將

云際忽聞夏然檀板截斷真見其大力量處却便于寫宝玉之文

智能逐出將秦鐘打了一頓自己氣的老病發作三五日光景嗚呼死了秦鐘

本自怯弱又帶病未愈受了笞杖今見老父氣死此時悔痛無及更又添了許

多症候因此宝玉心中悵然如有所失雖聞得元春晉封之事亦未解得愁悶

眼前多少熱鬧文字不寫却從万人意外撰出一段悲傷是別人不屑寫者亦別人之不能處

賈母等如何謝恩如何回家親朋如何來慶賀寧榮兩處近日如何熱鬧衆人

的：真〻宝玉

如何得意獨他一個皆視有如無毫不曾介意因此衆人嘲他越發獃了大奇至妙

愈發獃了

之文却用宝玉一人連用為何如隐過多少繁華勢利等文試思若不如此必至種〻寫到其死板拮据瑣碎雜乱何可勝哉故只借宝玉一人如此一寫者却多少間文却有無限烟波

且喜賈璉與代玉回來先遣人來报信明日就可到家宝

玉听了方略有此喜意（不如此後文秦鐘死去将何以慰宝玉）細問原由方知賈雨村亦進京陛見皆由王子騰累上保本此来後補京鈌與賈璉是同宗弟兄又與代玉有師從之誼故同路作伴而来林如海已葬入祖坟了諸事停妥賈璉方進京的本該出月到家因聞得元春喜信遂晝夜兼程而進一路俱各平安宝玉只問得代玉平安二字餘者也就不在意了（又從天外寫出一段寓合来總為掩過寧栄兩處許多瑣細閑筆處〻交代清楚方好啟大觀園也）好容易［三字是宝玉心中］盼至明日午錯果報璉二爺和林姑娘進府了見面時彼此悲喜交接未免又大哭一陣後又致喜慶之詞（世界上亦如此不讀書中瞬息觀此便可省悟）宝玉心中品度代玉越發出落的超逸了代玉又帶了許多書籍来忙着打掃臥室安插器具又將些紙筆等物分送宝釵迎春宝玉等人宝玉又將北静王所贈鶺鴒香串珍重取出来轉贈代玉〻〻説什麼臭

男人拿过的我不要他遂擲而不取宝玉只得収回暫且無話（略一点代玉情性赶忙収住正留為後文地步）且說賈璉自田家來見过眾人田至房中正值风姐近日多事之时無片刻閑暇之工（補阿风二句最不可少）見賈璉遠路歸来不得擬冗接待房内無外人便笑道国舅老爺大喜国舅老爺一路風塵辛苦小的听見昨日的頭起報馬来報說今日大駕歸府略預偹了一杯水酒撢塵不知賜光謬領否賈璉笑道豈敢豈敢多承多承一面平兒與眾丫环參拜畢獻茶賈璉遂問别後家中的諸事又謝鳳姐的操持勞碌风姐道我那里照管得這些事見識又淺口角又拙心腸又直率人家給個棒槌我就認作真（針）臉又軟擱不住人給兩句好話心里就慈悲了况且又没經歷過大事胆子又小太太略有些不自在就嚇的我連覺也睡不着了我若辞了几田太太又不容辞到反說我圖受用不肯

写得尖利刻薄

嬌音好聞

態如見少年好夫妻有是事

却是為下文作引

一言答不上蠢才蠢才

此等文字作者盡力写来是欲诸公認得阿鳳好看以後之書

勿作等閑看過

習李了除不知我是捻着一把汗兒呢一句也不敢多說一步也不敢多走你是知道的偺們家所有的這些管家奶々們那一位是好纏的（独這一句不假　脂研）錯一点兒他們就笑話打趣偏一点兒他們就指桑說槐的報怨坐山觀虎鬪借劍殺人引風吹火站干岸兒推倒油瓶不扶都是全掛子的武藝（三字是河音官氣）況且我年紀輕頭等不壓衆怨不得不放我在眼里更可笑那府里忽然蓉兒媳婦死珍大哥又再三再四的在太々跟前跪着討（說）情只要請我帮他几日我是再四推辭太々斷不依只得從命（得意之至口氣）依旧被我鬧了个馬仰人番更不成个体統至今珍大哥々还報怨後悔呢（璉兒死矣）你文這一來了明兒你見了他好歹描補々々就說我年紀小原沒見過世面誰吽大爺錯委他的（阿鳳之弄璉兒如弄小兒可怕可畏若生于小戶落在貧家）正說着（又用斷法方妙蓋此等文斷不可無亦不可太多）只听外間有人說話鳳姐便問是誰平兒進来回道姨太々打發了香菱妹子

来問我一句話我已經説了打發他回去了賈璉笑道正是呢方纔我見姨媽去不防和一個年輕的小媳婦子撞了个对面生的好齊整摸樣（酒色之徒）我疑惑偺家並無此人説話时因問姨媽誰知就是上京来買的那小丫頭名叫香菱的竟與薛大傻子作了房里人開了臉越發出挑的標致了那薛大傻子真玷辱了他（垂涎如見試問兄寧有不玷平兒手脂研）鳳姐道噯（如聞）往蘇抗走了一淌回来也該見些世面了（這世面二字單指女色也）还是这庅眼饞肚飽的你要愛他不值什庅我去拿平兒換了他来如何（奇談是阿凤口中方有此等語句）那薛老大（又一樣稱呼各得神理）也是吃着碗里看着鍋的這一年来的光景他為要香菱不能到手（補前文之未到且並將香菱身寫出脂研）和姨媽打了多少飢荒也因姨媽看着香菱模樣兒好还是末則其為人行事却又比別的女孩子不同温柔安静差不多的主子姑娘也跟

他不上呢何曾不是主子姑娘盖卿不知来歷也作者必用阿凤一讚方知蓮卿尊重不虚故此擺酒請客的費事明堂正道的與他作親過了半月他看的馬棚風一般了說到心里可惜了的一段納寵之文偏于阿凤口中補出亦夾摺幼妙之至一語未了二門上小厮傳報老爺在大書房等二爺呢賈璉听了忙〻整衣出去这里鳳姐乃問平兒方纔姨媽有什麽事巴〻打發了香菱来必有此一問平兒笑道那里来的香菱是我借他暫撒個謊奶〻說〻旺兒嫂子越發連個承筭也沒了說着又走至鳳姐身边悄〻的說道奶〻的那利錢銀子遲不送来早不送来這會子二爺在家他且送這個来了幸亏我在堂屋里撞見不然时走了来回奶〻二爺倘或問奶〻是什麽利錢奶〻自然不肯瞞二爺的少不得照實告訴二爺我們二爺那脾氣油鍋里的錢还要找出来花呢听見奶〻有了

如聞如見

可兒〻：鳳姐竟被他哄了

這個梯希他还不放心的花了呢所以我赶着接了過来叫我說了他两句誰知奶〻偏听見了問我就撒謊說香菱来了（一段平兒見識作用不枉阿凤平日刮目又伏下多少後文補盡前文未到）鳳姐听了笑道我說你姨媽知道二爺来了忽喇巴的反打發個房里人来了原来你这蹄子肏鬼（疼極反罵）說話時賈璉已進来鳳姐便命擺上酒饌来夫妻对坐鳳姐雖善飲却不敢任興（百忙中又点出大家規範所謂無不週詳無不貼切）只陪侍着賈璉一时賈璉的乳母趙嬷〻走来賈璉鳳姐忙讓吃酒令其上炕去趙嬷〻執意不肯平兒等早于炕沿下設下一杌又有一小脚踏趙嬷〻在脚踏上坐了賈璉向桌上揀两盤餚饌與他放在杌上自吃鳳姐又道媽〻狠嚼不動那個到沒的有矼了他的牙（何處着想却是自然有的）因向平兒道早起我說那一碗火腿頓肘子狠爛正好給媽〻吃你怎么不拿了去赶着叫他們熱了来又道媽〻你嚐一嚐你兒

子代来的惠泉酒趙嬷〻道我喝呢奶〻也喝一鍾怕什麼只不要過多了就

（補點不到之文像極）

是了 宝玉之李嬷〻此处偏又寫趙嬷〻特犯不犯先有梨香院一回〻〻遥对却無一筆相重一事合掌

我这會子跑了来到也不為飲酒到有一件正緊事奶〻好歹記在心里疼顧

我些罢我們這爺只是嘴里説的好到了跟前就忘了我們幸虧我從小兒奶

了你這麼大我也老了有的是那兩個兒子你就另眼照看他們些別人也不

（為蕃答作引）

敢跐牙兒的我还再四的求了你几遍你答應的到好到如今還是燥屎这如

（有是乎）

今又從天上跑出這一件大喜事来那里用不着人所以到是来和奶〻来説

是正緊靠着我們爺只怕我还餓死了呢风姐笑道媽〻你放心兩個奶哥〻

都交給我你從小兒奶的兒子你还有什麼不知他那脾氣的拿着皮肉到往

那不相干的外人身上貼可是現放着奶哥〻那一個不比人強你疼顧照看

他們誰敢說個不字兒沒的白便宜了外人我这話也說錯了我們看着是外人你却看着內人一樣呢說的滿屋里人都笑了趙嫗嫗也笑個不住又念佛道可是屋子里跑出青天来了若說內人外人這些混賬原故我們是沒有不過是臉軟心慈擱不住人求兩句罢了鳳姐笑道可不是呢有內人的他纔慈軟呢他在偺們娘兒們跟前纔是剛硬呢趙嫗嫗笑道奶奶說的太盡情了我也樂了再吃一杯好酒從此我們奶奶作了主我就沒的愁了賈璉此时沒好意思只是趔笑吃酒說胡說二字快盛飯来吃碗子还要往珍大爺那边去商議事呢鳳姐道可是別悮了正事纔剛老爺叫你作什麼一段趙嫗討情閒文却引出道部脉絡所謂由小及大譬如登高必自卑之意細思大观園一事若從如何奉旨起造又如何分派衆人從頭細細直写将来几千樣細事如何能順筆一氣清又将落于死板拮据之鄉故只用璉风夫妻二人一問一答上用趙嫗討情作引下用蓉薔来說事作收餘者隨筆順筆略一点染則耀然洞澈矣此是避难法

会送情

可見之

毋護子

有是語像極果肖

大觀園用省親事出題是大關鍵事方見大手筆行文之立意 畸笏

自政老生日用降旨截住賈母等進朝如此熱鬧用秦業死岔開只寫

賈璉道就為省親〔此二字醒眼之極却只如此寫来〕鳳姐忙問道〔忙字最要緊特于鳳姐口中出此字可知事關鉅要是書中正眼矣〕省親的事竟准了不成〔問得珍重可知是外方人意外之事 脂研〕賈璉笑道雖不十分準也有八分準了〔如此故頓一筆更妙見得事關重大非一語可了者亦是大篇文章抑揚頓挫之致〕鳳姐笑道可見當今的隆恩歷来听書看戲古时從未有的〔于閨閣中作此語直与擊壤同声 脂研〕趙嬷嬷又接口道可是呢我也老胡塗了我听見上上下下吵嚷了這些日子什麼省親不省親我也不理論他去如今又說省親到底是怎麼个原故〔補近事啟下回之〕

〔大觀園一篇大文千頭萬緒從何處寫起今故用賈璉夫妻問答之間閑閑叙出觀者已省大半後再用蓉薔二人重一渲染便省却多少贅瘤筆墨此是避难法〕

賈璉道如今當今貼体萬人之心世上至大莫如孝字想来父母兒女之性皆是一理不是貴賤上分別的當今自為日夜侍奉太上皇皇太后尚不能略盡孝意因見宮里嬪妃才人等皆是入宮多年抛離父母音容豈有不思想之理在兒女思想父母是分所應當想父母在家若只管思念兒女竟

几箇如何將潑天喜事交代完了緊接代玉回璉鳳閑話以老嫗勾出省親事来其千頭萬緒合筍貫連無一毫痕跡如此等是書多々不能枚舉想兒在青硬峰上經鍜煉後參透重關至恒河沙数如否

不能見倘因此成疾致病甚至死亡皆由朕躬禁錮不能使其遂天倫之愿亦
大傷天和之事故啓奏上皇太后每月逢二六日期準其椒房眷属入宮請候安
看視于是太上皇太后大喜深讚當今至孝純仁體天格物因此二位老聖
人又下旨意說椒房眷属入宮未免有国体儀制母女尚不能愜怀竟大開方
便之恩特降諭諸椒房貴戚除二六日入宮之恩外凡有重宇別院之家可以
駐蹕関防之處不防啓請內廷鑾輿入其私第庶可略盡骨肉私情天倫中之
至性此旨一下誰不踴躍感戴現今周貴人的父親已在家里動了工了修蓋
省親別院呢又有吴貴妃的父親吴天祐家也往城外踏看地方去了 又一樣佈置
這豈不有八九分了趙嫉々道阿弥陀佛原来如此這樣說偺們家也要預偹
接偺們大小姐了賈璉道這何用說呢不然這會子忙的是什麼 一段閑談中補明多少文

文忠公之嫉

鳳姐笑道若果如此我可也見個大世面了可恨我小幾

章真是費長壺中天地也

歲年紀若早生二三十年如今這些老人家也不薄我没見世面了忽接入此句不知何意似屬無味說起當年太祖皇帝訪舜巡的故事比一部書还熱鬧我偏没造化趕上老趙嬷嬷道噯喲喲那可是千載希逢的那時候我纔記事兒俗們賈府正在姑蘇楊州一帶監造海舫修理海塘只預備接駕一次把銀子都花的淌海水似的說起来鳳姐忙接道忙字妙上文說起来必未粗心看去則說疑闕殊不知正傳神處我們王府也預備過一次那時我爺爺单管各国進貢朝賀的事凡有的外国人来都是我們家養活点出阿鳳所有外国奇玩等物粤閩滇浙所有的洋船貨物都是我們家的趙嬷嬷道那是誰不知道的如今还有個口號兒呢說東海少了白玉床来請江南王這說的就是奶奶府上了还有如今現在江南的甄家

余曰萬不能有此機括有此筆力恨不得面问果否嘆嘆 丁亥春畸笏叟

既知舜巡而又說熱鬧此婦人女子口頭也

不用忙往後看

又要瞞人

應前葫蘆案

甄家正是大関鍵大節目勿作泛〻口頭語看 嗳喲〻好勢派獨他家接駕四次若不是我們親眼（口氣如聞）（点正題正文）
看見告訴誰〻也不信的別講銀子成了土泥憑是世上所有的沒有不是堆（極力一寫非誇也可想而知）
山塞海的罪過可惜四個字竟顧不得了鳳姐道常听見我們太爺們也這樣說（真有是事經过見过）
豈有不信的只納罕他家怎麼就這麼富貴呢趙嬷〻道告訴奶〻一句話也（對証）
不過是拿着皇帝家的銀子往皇帝身上使罢了誰家有那些錢買這個虛熱（是不忘本之言）
鬧去 最要緊語人苦不自知能作是語者吾未嘗見 正說的熱鬧王夫人又打發人
來瞧鳳姐吃了飯不曾鳳姐便知有事等他忙〻的吃了半碗飯漱口要走又有（好頓挫）
二門上小廝們回東府裡蓉薔二位哥兒來了賈璉纔漱了口平兒捧着盆
手見他二人來了便問什麼話快說鳳姐且止步稍候听他二人回些什麼賈（簡淨之至）（園基乃一部）
蓉先回說我父親打發我來回叔〻老爺們已經議定了從東边一帶借着東

府里花園起轉至北边一共丈量準了三里半大可以盖造省别院了已經傳
人画圖様去了明日就得叔々纔回家未免劳乏不用過我們那边去説話明
日一早再請過去面議賈璉笑着忙説多謝大爺費心体諒我就不過去了正
經是这個主意纔省事盖的也容易若採置别处地方去那更費事且到不成
体統你回去説这様狠好若老爺們再要改时全仗大爺諫阻万不可另尋地
方明日一早我給大爺去請安去再議細話再賈蓉忙應几個是賈薔又近前
回説下姑蘇請聘教習採買女孩子置辦樂器行頭等事大爺派了姪兒帶領
着来管家兒子兩丫还有單聘仁卜固修兩丫清客相公一同前往所以命我
来見叔々賈璉听了将賈薔打諒了笑道你能在这一行麽这丫事虽不算甚
大裡頭大有藏掖的賈薔笑道只好孥習着辦罢了賈蓉在身傍灯影下悄拉

二主必当如此寫清
後一圖伏線大觀園係玉兄与十二釵之太虚玄境豈不妙哉
应前賈璉口中
園已定矣
画薔一回伏線
凡各物事工價重大皆伏隱自情字者莫如此件故園
定後便先寫此一件餘便不必細寫矣
射利語可嘆是親侄
有神
句下文

石頭記中多作心傍神會之文不必道明一道明白便入庸俗之套

鳳姐的衣襟鳳姐會意曰笑道你也太操心了难道大爺比偺們还不會用人偏你又怕他不在行了誰都是在行的孩子們已長的这庅大了没吃過猪肉也看見過猪跑大爺派他去原不過是个坐纛旂兒难道認真的叫他去講價錢會經紀去呢依我說就狠好賈璉道自然是这樣並不是我駁回少不得替（好稱呼）他筭計〻〻曰問这一項銀子動那一处的賈薔道纔也議到这里賴爺〻說不用從京里帶下去江南甄家还收着我們五万銀子明日寫一封書信會票我們帶去先支三万下剩二万存着等置辦花燭綵灯並各色簾攏帳幔的使費賈璉点頭道这个主意好鳳姐忙向賈薔道（再不略讓一步正是阿凤一生斷处　脂硯）既这樣我有兩个在行妥當人你就帶他們去辦这个便宜你呢賈薔忙陪笑說正要和嬸〻討兩个人呢（寫賈薔乖处　脂研）这可巧了曰問名子鳳姐便問趙嬷

從頭至尾細看阿鳳之待蓉薔可爲一絲毫虎然尚作如此語欺蓉薔其待他人可知矣

嬷彼時趙嬷〻已听歇了話乎兜忙笑推他〻纔醒悟過来忙説一個叫趙天
梁一個叫趙天棟鳳姐道可別忘了我可幹我的去了說着便出去了賈蓉忙
送出来又悄〻的向鳳姐道嬸子要什麽東西分付我開個賬給薔兄弟帶了
去叫他按賬置辦了来风姐笑道（有神）別放你娘的屁（咧）我的東西还沒処擱呢希罕（像極的是阿鳳）
你們鬼〻祟〻的說着一逕去了（阿凤欺人処如此 忽又写到利獘真令人一嘆 脂硯）
這里賈薔也悄問賈璉要什麽東西順便織来孝敬賈璉笑道你別興頭纔学
着辦事到先学会了这把戲我短了什麽少不得寫信来告訴你且不要論到（又作此語不犯阿鳳）
这里說畢打發他二人去了接着回事的人来不止三四次賈璉害乏便傳与（好文章一句内隱兩處若許事情）
二門上一應不許傳報俱等明日料理风姐至三更時分方下来安歇一宿無
話次早賈璉起来見過賈赦賈政便往寧府中来合同老管事的人等並几位

世交門下清客相公審察兩府地方繕画省親殿宇一面察度辦理人丁自此
後各行匠役齊集金銀銅錫以及土木磚瓦之物搬運移送不歇先令匠人拆
寧府会芳園墻垣樓閣直接入栄府東大院中栄府東边所有下人一帶羣房
盡已拆去當日寧栄二宅虽有一小巷界斷不通然这小巷亦係私地並非官
補明使觀者如身臨足到
道故可以連屬会芳園本是從北扎角墻下引来一段活水今亦無煩再引其
園中諸景最要緊是水故必寫明方妙
余最鄙近之修造園亭者徒以頑石土堆為佳不引泉一道甚至丹青唯知
山石樹木虽不敷用賈赦住的乃是栄府旧园其中竹樹山石以及亭榭欄杆
乱作山石樹木不知画泉之法亦是恨事 脂硯齋
等物皆可挪就前来如此兩处又甚近湊来一处省得許多財力縱亦不敷所
添亦有限全虧一個老明公号山子野者妙号生名随事一一籌画起造賈政不慣
这也少不得的一節文字省下筆來好作別樣
于俗務只凴賈赦賈珍賈璉賴大來昇林之孝吳新登詹光程日興等些人安
插擺佈凡堆山鑿池起樓竪閣種竹栽花一應点景等事又有山子野制度下

朝閑暇不过各处看望〻〻最要緊处和賈赦等商議〻〻便罷了賈赦只在
家高卧有芥荳之事賈珍等或自去回明或寫略節或有話説便傳呼賈璉賴
大等領命賈蓉单管打造金銀器皿賈薔已起身往姑蘇去了賈珍賴大等又
点〻人丁開册籍監工等事一筆不能寫到不過是喧闐熱鬧非常而已暫且無
話且説宝玉近因家中有这等大事賈政不来問他的書心中是件暢事無奈（一筆不漏）
秦鐘之病日重一日也着實懸心不能樂業（天下本無事庸人自擾之世上人〻如此又非此情鐘意切）
这日一早起来纔梳洗完畢意欲回了賈母去望候秦鐘忽見茗烟在二門前（從茗烟口中寫）
照壁前探頭縮腦宝玉忙出来問他作什么茗烟道秦相公不中用了（点常去）
出着却多少宝玉听説嚇了一跳忙問道我昨兒纔瞧了他来还明〻白〻怎
（間文）么就不中用了茗烟道我也不知道纔剛是他家的老頭子来特告訴我的宝

偏於極熱鬧處寫出大不得意之文却無絲毫纏強且有許多令人笑不了哭不了嘆不了悔不了唯以大白酬我作者　壬午季春　畸笏

玉听了忙轉身回明賈母〻〻吩咐好生派妥當人跟去到那里尽〻一尽同窓之情就回来不許多躭擱了宝玉听了忙〻的更衣出来車馬犹未備齊（頓一筆方不板）急的滿厛乱轉一时催促的車到忙上了車李貴景茗烟等跟隨来至秦鐘門首悄無一人（目覩蕭條景况）遂蜂擁至門内室佈的秦鐘的两个遠房嬸母並几个弟兄都藏之不迭（妙这嬸母弟兄是特来等分絕户家私的不表可知）此時秦鐘已發过两三次昏了移床易簀多时矣（余亦欲泣）宝玉一見便不禁失声李貴景忙劝道不可〻〻秦相公是弱症未免炕上挺扛的骨頭不受用所以暫且挪下来鬆散些哥兒如此豈不反添了他的病宝玉听了方忍住近前見秦鐘面如白臘合目呼吸于枕上宝玉忙叫道鯨兄賈玉来了連叫两三声秦鐘不睬宝玉又道宝玉来了那秦鐘早已魂魄离身只剩得一口悠〻餘氣在胸正見許

李貴亦能道此等語

石頭記一部中皆是近情近理必有之事必有之言又如此等荒唐不經之談間亦有之是作者故意游戲之筆耶以破色取笑非如別書認真説鬼話也

可想鬼不讀書信已哉

多鬼判持牌提索來捉他看至此一句令人失望再看至後面數語方知作者故意借世俗愚談論設譬喝醒天下迷人翻成千古未見之奇文奇筆那秦鍾魂魄那里肯就去又記念着家中無人掌家務扯淡之極令人發一大笑余請諸公莫笑且請再思又記掛着父親还有留積下的三四千兩銀子更屬可笑更可痛哭又記掛着智能尚無下落忽從死人心中補出活人原由更奇〻〻因此百般求告鬼判無奈这些鬼判都不肯徇私反叱咤秦鍾道虧你还是讀過書的人豈不知俗語説的閻王叫造定你三更死誰敢留人到五更我們陰間上下都是鐵面無私的不比你們陽間瞻情顧意有許多的關碍處寫殺了正鬧着那秦鍾魂魄忽听見宝玉来了四字便忙又央求道列位神差略發慈悲讓我回去和這一個好朋友説一句話就來的衆鬼道又是什么好朋友秦鍾道不瞞列位就是榮国公的孫子小名宝玉都判官听了先就唬慌起來忙喝罵鬼使道我説你們放了他回

去走〻罢你們断不依我的話如今只等他請出個運旺時盛的人来纔罢（如聞其声試問誰曾見都判来觇此則又見一都判跳出来調侃世情固深然游戲筆墨一至于此真可壓倒古今小説这纔筭是小説）衆鬼見都判如此也都忙了手脚一面又報怨道你老人家先是那等雷霆電雹原来見不得宝玉二字（調侃宝玉二字妙極 脂研）依我們愚見他是阳我們是阴怕他們也無益于我們（神鬼也講有益無益）都判道放屁俗語説的好天下官管天下事自古人鬼之道却是一般陰陽並無二理（更妙愈不通愈妙愈錯會意愈奇 脂研）别管他陰也罢陽也罢还是把他放回没有錯了的衆鬼听説只得将秦魂放回哼了一声微開双目見宝玉在側乃免強嘆道怎麽不肯早来再遲一步也不能見了宝玉忙攜手垂泪道有什麽話留下兩句（只此句便足矣）秦鐘道並無别話以前你我見識自為高過世人我今日纔知自悮了（遲誰不悔）以後还該立志

世人見宝玉而不動心者為誰

名曰搗鬼

千言萬語只此一句

此刻無此二語亦

觀者至此必料秦鐘另有異樣奇語然却只以此二語為嘱試思若不如此為嘱不但不近人情亦且

太露穿鑿讀此則知全是悔遲之恨

非玉兄之知已

功名以榮耀顯達為是說畢便長嘆一声蕭然長逝了若是細述一番則不成石頭記之文矣

此回宜分二回方妥

宝玉係諸艷之貫故大观園对額必得玉兄題跋且暫題燈匾聯上

再請賜題此千妥萬當之章法

詩　豪華雖足羡　離别却難堪　慱得虚名在　誰人識

苦甘

曰　好詩全是諷刺　近之諺云又要馬兒好又要馬兒不吃草真罵盡無厭貪痴之輩

脂硯齋重評石頭記

第十七回至十八回

大观園試才題對額　榮國府歸省慶元宵

話説秦鐘既死寶玉痛哭不已李貴等好容易劝解半日方住歸時犹是悽惻哀痛賈母帮了几十两銀子外又另備奠儀寶玉去吊紙七日後便送殯掩埋了别無述記只有寶玉日〻思慕感悼然亦無可如何了每於此等文後便用此語作結是板定大章法亦是此書大旨又不知歷幾何時年表如此寫亦妙這日賈珍等來回賈政園內工程俱已告竣大老爺瞧了或有不妥之処再行改造好題匾額对聯的賈政听了沉思一回説道这匾額对聯到是一件难事論理該請貴妃賜題纔是然貴妃若不親覩其景大約亦必不肯妄擬若直待貴妃遊幸過再請題偌大景致若

慣用此等章法

政老情字如此寫 壬午季春 畸笏

干亭榭無字標題也覺寥落無趣任有花柳山水也斷不能生色衆清客在傍笑荅道老世翁所見極是如今我們有個愚見各処區額对聯斷不可少亦斷不可定名如今且按其景致或兩字三字四字虛合其意擬了出来暫且做燈區聯懸了待貴妃遊幸時再請定名豈不兩全賈政等听了都道所見不差我們今日且看〻去只管題了若妥當便用不妥時然後將雨村請来令他再擬点衆人笑道老爺今日一擬定佳何必又待雨村（雨村照應前文）賈政笑道你們不知我自幼于花鳥山水題咏上就平〻（是紗帽頭口氣）如今上了年紀且案牘勞煩于这怡情悅性文章上更生踈了縱擬了出来不免迂腐古板反不能使花柳園亭生色似不妥協反没意思衆清客笑道这也無妨我們大家看了公擬各舉其長優則存之劣則删之未為不可賈政道此論極是且喜今日天氣和暖大家去逛〻

音光字去声出偕声
字箋

說着起身引衆人前往賈珍先去園中知会衆人可巧近日宝玉因思念秦鍾憂戚不尽賈母長命人帶到園中来戲耍此時亦纔進去（現成筍楔一絲不費力若特喚出保玉来則成何文字）忽見賈珍走来向他笑道你还不出去老爺就来了宝玉听了帶着奶娘小厮（不肖子弟来看形容余初看之不覺怒焉蓋謂作者形容余幼年往事因思彼亦自寫其照何独余哉）們一溜烟就出園来方轉过湾頂頭賈政引衆客来了躲之不及只得一边站了賈政近曰聞得塾掌稱讚宝玉尚能对对聯雖不喜讀書偏到有些歪才情（信筆書之供諸大衆同一發笑）似的今日偶然撞見这機會便命他跟来（如此偶然方妙若特特喚来題額真不成文矣）宝玉只得隨往尚不知何意賈政剛至園門前只見賈珍帶領許多執事人来一傍侍立賈政道你且把園門都関上我們先瞧了外面再進去（是行家看法）賈珍听說命人將門関了賈政先秉正看門只見正門五間上面捅瓦泥鰍春（脊）那門欄窓隔皆是細雕新鮮花樣並無硃粉塗飾一色水磨羣墻（門雅墻雅不落俗套）下面白石

基礎鑿成西番草花樣左右一望皆雪白粉墻下面虎皮石隨勢砌去果然不

落富麗俗套自是欢喜遂命開門只見迎面一帶翠嶂擋在前面掩隱好極眾清

客都道好山〻〻賈政道非此一山一進來園中所有之景悉入目中則有何

趣眾人道極是非胸中大有邱壑焉想及此說畢往前一望見白石崚嶒想入其中

一時難變方向正是不辨東西用前後這边那边等字或如鬼怪或如猛獸縱横拱立上面苔

蘚成斑藤蘿掩映曾用兩処旧有之园所改故如此寫方可細極其中微露羊腸小逕

好景界山子野精於此技此是小逕非行車輦通道今賈政原欲遊覽其景故指此等处寫之想其通路大道自是堂〻冠冕氣象無庸細寫者也後于省親之則已得知矣賈政道我們就從此小徑遊去回來由那一边出去方可遍覽

說畢命賈珍前引導自己扶了宝玉逶迤進入山口宝玉此刻已料定吉多凶少此回乃一部之綱緒不得不細寫尤不可不細批註

蓋後文十二釵書出入来往之境方不能錯乱觀者亦如身臨足到矣今賈政虽進的是正門卻行的是僻路按此一大园羊腸鳥道不止几百十條穿東度

西臨山过水萬勿以今日賈政所行之逕考其方向基址故正殿反於末後寫之足見未由大道而往乃逶迤轉折而經也

抬頭忽見山上有鏡面白石一塊正是迎面留題處留題处便精不必限定鑒金鏤銀一色惡俗賴及棗梨之力

新奇

賈政回頭笑道諸公請看此処題以何名方妙眾人听說也有說該題疊翠二字也有說該題錦嶂的又有說賽香炉的又有說小終南的種々名色不止几十個原来眾客心中早知賈政試宝玉的功業進益如何只將些俗套来敷演宝玉亦料定此意補明好賈政听了便回頭命宝玉擬来宝玉道嘗聞古人有云編新不如述旧刻古終勝調今未聞古人說此兩句却又似有者況此處並非主山正景原無可題之处不過是探景之一進步耳此論却是莫若直書曲逕通幽处这句旧詩在上到还大方氣派众人听了都讚道是極二世兄天分高才情遠不似我們讀腐了書的賈政笑道不可謬奬他年小不過以一知充十用取

笑罷了再從選擬說着進入石洞来只見佳木蘢葱奇花爛灼一帶清流從花木深处曲折瀉于石隙之中[illegible]（这水是人力引来做的）再進數步漸向北边（細極後文所以云進賈母卧房後之角門是諸釵日相来往之境也後文又云諸釵所居之处只在西北一帶最近賈母卧室之後皆從此北字而来）平坦寬豁兩边飛楼揷空雕甍簷繡檻似有皆隱于山坳樹杪之間俯而視之則清溪瀉雪石磴穿雲（前已寫山至寛处此則由低处至高处各景皆遍）白石為欄環抱池沿石橋三港獸面啣吐橋上有亭（前已寫山寫石今則寫池寫楼各景皆遍）賈政與諸人上了亭子倚欄坐了（此亭大抵四通八達為諸小逕之咽喉要路）因問諸公以何題此諸人都道當日歐陽公醉翁亭記有云有亭翼然就名翼然賈政笑道翼然雖佳但此亭壓水而成还須偏于水題方稱依我拙裁歐陽公之瀉出于兩峰之間竟用他这一個瀉字有一客道是極々々竟瀉玉二字妙

六字是嚴父大露悦容也

壬午春

賈政拈髯尋思因抬頭見宝玉侍側便笑命他也擬一個来宝玉听說連忙回道老爺方纔所議已是但是如今追究了去似乎當日歐陽公題釀泉用一瀉字則妥今日此泉若亦用瀉字則覔不妥況此處雖云省親駐蹕別墅亦當入于應制之例用此等字眼亦覔粗陋不雅求再擬較此蘊藉含蓄者賈政笑道諸公听此論若何方纔衆人編新你又說不如述古如今我們述古你又說粗陋不妥你且說你的来我听宝玉道有用瀉玉二字則莫若沁芳二字果然豈不新雅賈政拈髯点頭道不語衆人都忙迎合讚宝玉才情不凡賈政道匾上二字容易再作一付七言对聯来宝玉听說立于亭上四顧一望便機上心来乃念道

真新雅

繞堤柳借三篙翠要緊貼切水　隔岸花分一脉香恰極工極綺靡秀媚香奩正体

賈政听了点頭微笑衆人先称讚不已于是出亭过池一山一石一花一木莫不着意觀覽（渾寫两句已見經行处愈遠更至北一路矣）忽抬頭看見前一带粉垣里面数楹修舍有千百竿翠竹遮映衆人都道好个所在于是大家進入只見入門便是曲折游廊（不犯超手游廊）堦下石子漫成甬路上面小ヽ两三間房舍一明两暗里面都是合着地步打就的床几椅案從里間房内又得一小門出去則是後院有大株梨花兼着芭蕉又有两間小ヽ退步後院墻下忽開一隙得泉一派開溝僅尺許灌入墻内繞堦緣屋至前院盤旋竹下而出賈政笑道这一処还罷了若能月夜坐此窓下讀書不枉虚生一世説畢看着宝玉唬的宝玉忙垂了頭（点一筆）衆客忙用話開釋（客不可不有）又説道此処的匾額題四個字賈政笑問那四字一個道是淇水遺風賈政道俗（此余亦如）又一個是雎

此方可為顰兒之居

園雅跡賈政道也俗賈珍笑道还是宝兄弟擬一个来賈政道他未曾作先要知子者莫如父
議論人家的好歹可見就是個輕薄人衆客道議論的極是其奈他何賈政忙
道休如此縱了他因命他道今日任你狂為乱道先設議論来然後方許你作
又一格式不然不独死板且亦大失嚴父素体 方纔衆人可有使得的宝玉見問答道
都似不妥 明知是故意要他搬駁議論落（得）肆行施展 賈政冷笑道怎麽不妥宝玉道这
是第一处行幸之处必須頌聖方可若用四字的區又有古人現成的何必再
作賈政道难道淇水雎園不是古人的宝玉道这太板腐了莫若有鳳来儀四
字 暗合 果然妙在双関 衆人都閧然叫妙賈政点頭道畜生畜生可謂管窺蠡測矣
因命再題一聯来宝玉便念道
寶鼎茶閑煙尚緑 尚字妙極不必說竹然恰恰是竹中精舍 幽窓棋罷指猶凉 猶字妙尚緑猶凉四字便如置身于森森萬竿之中

又换一章法 壬午春

于作詩文時雖政老亦有如此令旨可知嚴父亦無可奈何也不肖纨袴子看 畸笏

賈政搖頭説道也未見長説畢引人出来方欲走時忽又想起一事来回問賈
珍道这些院落房宇〔此一頓少不得〕並几案掉椅都筭有了还有那些帳幔簾子並陳設玩器
古董可也都是一处〻〻合式配就的（大篇長文不如此頓則成何話説）賈珍回道
那陳設的東西早已添了許多自然臨期合式陳設帳幔簾子昨日听見璉兄
弟説还不全那原是一起工程之時就画了各处的圖樣量准尺寸就打發人
辦去的想必昨日淂了一半（補出近日忙冗千頭萬緒景况）賈政听了便知此事不
是賈珍的首尾便命人去喚賈璉趂来（寫出忙冗景况）賈政問他共有几種現今
淂了几種尚欠几種賈璉見問向靴桶内取靴掖内装的一个紙摺略節来（細極）
（從頭至尾誓不作一筆逸安苟且之筆）看了一看回道粧（一字一句）蟒綉堆剌絲弾
墨（二字一句）並各色紬綾大小幔子一百二十架昨日淂了八十架下欠四十

架簾子二百掛昨日俱得了外有猩猩毡簾二百掛金絲籐紅漆竹簾二百掛墨漆竹簾二百掛五彩線絡盤花簾二百掛每樣得了一半也不过秋天都全了椅搭棹圍床裙棹套每分一千二百件也有了一面走一面説是極倐爾青山斜阻斜字細不必拘定方向諸釵所居之処若稲香村瀟湘館怡紅院秋爽齋蘅蕪苑等都相隔不遠究竟只在一隅然處置得巧妙使人見其千邱萬壑恍然不知所窮所謂会心処不在乎遠大抵一山一水一木一石全在人之穿插佈置耳轉过山怀中隱隱露出一帶黄泥築就矮墻墻頭皆用稲莖掩護酡的好有几百株杏花如噴火蒸霞一般裡面數楹茅屋外面却是桑榆槿柘各色樹稚新條隨其曲折編就兩溜青籬籬外山坡之下有一土井傍有桔槹轆轤之屬下面分畦列畝佳蔬菜花漫然無際閲至此又笑別部小説中一萬个花园中皆是牡丹亭芍藥圃雕欄画棟瓊榭硃樓略不差别賈政笑道到是此處有些道理固然係人力穿鑿此時一見未免勾引起

我歸農之意（極熱中偏以冷筆點之所以為妙）我們且進去歇息〻〻說畢方欲進籬門去忽見路傍有一石碣亦為留題之備（更恰當若有懸額之处或再用鏡面石豈復成文哉忽想到石碣二字又托出許多郊野氣色來一度皮千秋萬壑只在这石碣上）衆人笑道更妙〻〻此处若懸匾待題則田舍佳風一洗盡矣立此一碣又覔生色許多非范石湖田家之咏不足以盡其妙（客不可不養）賈政道諸公請題衆人道方纔世兄有云新編不如述旧此处古人已道盡矣莫若直書杏花村妙極賈政听了笑向賈珍道正虧提醒了我此处都妙極只是还少一个酒幌明日竟作一个不必華麗就依外面村庄的式様作来用竹竿挑在樹稍賈珍答應了又回道此处竟还不可養别的雀鳥只是買些鵝鴨鷄類纔都相称了賈政与衆人都道更妙賈政又向衆人道杏花村固佳只是犯了正名村名直待請名方可衆客都道

真〻妙真〻新

讚得是這箇蔑翁有此意思

是呀如今虚的便是什庅字樣好大家想着宝玉却等不淂了又換一格方不扳也不等賈政的命玉情渷趣便説道旧詩有云紅杏梢頭掛酒旗如今莫若杏帘在望妙在一奋字四字衆人都道好ㄗ在望又暗合杏花村意宝玉冷笑道忘情最妙村名若用杏花二字則俗陋不堪了又有古人詩云柴門臨水稻花香何不就用稻香村的妙衆人听了亦發閧声拍手道妙賈政一声断喝無知的業障你能知記淂知道几個古人能記淂几首熟詩也敢在老先生前賣美你方纔那些胡説的不过是試你的清濁取笑而已你就認真了説着引人步入苑堂里面紙窻木榻富貴氣象一洗皆盡賈政心中自是欢喜却瞧宝玉道此處如何衆人見問都忙悄〻的推宝玉教他説好宝玉不听人言便應声道不及有鳳来儀多矣公然自定名妙賈政听了道無知的蠢物你只知朱楼画棟悪

愛云至喜云玉故作此語作者至此寧不笑殺　壬午春

賴富麗爲佳那里知道這清幽氣象終是不讀書之過宝玉忙答道老爺教訓的固是但古人長云天然二字不知何意衆人見宝玉都怪他獃痴不改今見問天然二字衆人忙道別的都明白為何連天然不知天然者天之自然而有非人力之所成也宝玉道却又来此処置一田庄明分明見得人力穿鑿扭揑而成遠無鄰村近不負郭背山〻無脉臨水〻無源高無隱寺之塔下無通市之橋峭然孤出似非大观争似先処有自然之理得自然之氣雖種竹引泉亦不傷于穿鑿古人云天然圖画四字正畏非其地而強為地非其山而強為山雖百般精而終不相宜未及説完賈政氣的喝命叉出去剛出去又喝命回来命再題一聯若不通一併打嘴宝玉只得念道

新漲綠添浣葛處（採詩頌聖最恰当）好雲香護采芹人（采風采雅都恰當然冠冕中又不失含蓄格調）

所謂奈何他不得也呵〻　畸笏

賈政听了摇頭説更不好一面引人出来轉過山坡穿花度柳撫石依泉过了荼蘼架再入木香棚越牡丹亭度芍藥圃入薔薇院出芭蕉塢盤旋曲折略用套語一束與前頭破格不板忽聞水声潺湲瀉出石洞上則蘿薜倒垂下則落花浮蕩仍是沁芳溪矣究竟基址不大全是曲折掩隱之巧可知衆人都道好景ミミ賈政道諸公題以何名衆人道再不必擬了恰ミ乎是武陵源三个字賈政笑道又落寔了而且陳旧衆人笑道不然就用秦人旧舍四字也罢了宝玉道这越發过露了秦人旧舍説避乱之意如何使得莫若蓼汀花溆四字賈政听了更批胡説于是要進港洞時又想起有船無船賈珍道採蓮船共四支座船一支如今尚未造成賈政笑道可惜不淂入了賈珍道從上盤道亦可以進去説畢在前導引大家攀藤撫樹過去只見水上落花愈多其水愈清溶ミ蕩ミ曲折縈迂

池边两行垂柳雜着桃杏遮天蔽日真無一些塵土忽見柳陰中又露出一個折帶朱欄板橋来此处緣見一朱粉字樣綠柳紅橋此等点綴亦不可少後文寫芦雪广則曰蜂腰板橋都施之浮宜非一幅死稿也度過橋去諸路可通補四字細極不然後文宝叙来往則將日〻爬山越嶺矣記請此处則知後文宝所行常径非此处也便見一所清凉瓦舍一色水磨磚墻清瓦花堵那大主山所分之脉兩見大主山称香村又云怀中不寫主山而主山处〻映帶連絡不斷可知矣皆穿墻而過好想賈政道此處這所房子無味的狠先故頓此一筆使後文愈覔生色未揚先抑之法盖叙韓对峙有甚雅爲者因而步入門时忽迎面突出插天的大玲瓏山石来四面群繞各式石塊竟把里面所有房屋悉皆遮住並且一株花木也無更奇妙只見許多異草或有牽藤的或有引蔓的或垂山巔或穿石隙甚至垂簷繞柱索砌盤堦更妙或如翠帶飄飄或如金繩盤屈或實若丹砂或花如金桂味芬氣馥非花香之可比前三处皆

還在人意之中此一處則今古書中未見之工程也。連用几或字是從昌黎南山詩中李淂

賈政不禁道有趣前有無味二字及云有趣二字更覔生色更覔重大只是不大認識有的說是薜荔藤蘿賈政道薜荔藤蘿不淂如此異香宝玉道果然不是這些之中也有藤蘿薜荔那香的是杜若蘅蕪那一種大約是茝蘭這一種大約是清葛那一種是金䔲草這一種是玉蕗藤紅的自然是紫芸綠的定是青芷金䔲艸見字彙玉蕗見楚辞芃蕗雜於嚴蒸茝葛芸芷皆不必註見者太多此書中異物太多有人生之未聞未見者然寔係所有之物或名差理同者亦有之想來離騷文選等書上所有的那些異草也有吽作什麽藿葯薑蕁的也有吽作什庅綸組紫絳的还有石帆水松扶留等樣左太冲吴都賦又有吽什庅綠荑的还有什庅丹椒蘼蕪風連以上蜀都賦如今年深歲改人不能識故皆像形奪名漸〻的喚差了也是有的自寔注一筆妙未及說完賈政喝道誰問你來又一樣止

法

唏的宝玉到退不敢再説賈政曰見两边俱是超手游廊便順着游廊步入只見上面五間清厦着捲棚四面出廊緑窓油壁更比前几處清雅不同賈政嘆道此軒中煮茶操琴亦不必再焚名香矣（前二處一日月下讀書一日勾引起歸農之意此則操琴煮茶斷語皆妙）此造已出意外諸公必有佳作新題以顔其額方不負此衆人笑道再莫若蘭風蕙露貼切了賈政道也只好用這四字其聯若何一人道我道想了一对大家批削改正念道是

麝蘭芳靄斜陽院　杜若香飄明月洲

衆人道妙則妙矣只是斜陽二字不妥那人道古人詩云蘼蕪滿手泣斜暉衆人道頽喪〻〻又一人道我也有一聯諸公許閲〻〻曰念道

三逕香風飄玉蕙　一庭明月照金蘭（此二聯皆不过為釣宝玉之餌不少認真批評）

賈政拈鬚沉音(吟)意欲也題一聯忽抬頭見宝玉在傍不敢則聲因喝道怎么你
應説話時又不説了还要等人請教你不成宝玉听説便回道此處並沒有什
庅蘭麝明月洲渚之類若要這樣着跡説起来就題二百聯也不能完賈政道
誰按着你的頭叫你必定説這些字樣呢宝玉道如此説匾上則莫若蘅芷清
芬四字对聯則是

吟成荳蔻才詩猶艷　睡足酴醾夢也香賓佳

賈政笑道這是套的書成蕉葉文猶緑不足為奇衆客道李太白鳳凰台之作
（朱批：這一位蔑翁更有意思）
全套黄鶴楼只要套淂妙如今細評起来方纔這一聯竟比書成蕉葉猶覺幽
嫻活潑視書成之句竟似套此而来賈政笑説豈有此理説着大家出来行不
多遠則見崇閣巍峩層楼高起面面琳宫合抱迢迢複道縈紆青松拂簷玉欄

路順〻逸〻已成千邱萬壑之景若不有此一段大江截住直成一盆景矣作者從何落筆自起

繞砌金輝獸面彩煥螭頭賈政道這是正殿了想來此殿在園之正中按園不是殿方之基西北一帶通賈母臥室後可知西北一帶是多寬出一帶來的諸劍始便只是太富麗了些眾人于行也都道要如此方是雖然貴妃崇節尚儉天性惡繁悅樸然今日之尊礼儀如此寫出賈妃身分天性不為過也一面說一面走只見正面正面細現出一座玉石牌坊來上面龍蟠螭護玲瓏鑿就賈政道此処書以何文眾人道必是蓬萊仙境方妙賈政搖頭不語宝玉見了這個所在心中忽有所動尋思起來倒像那裡曾見過的一般却一時想不起那年月日的事了仍歸于胡蘆一夢之太虛玄境賈政又命他作題宝玉只顧細思前景全無心于此了眾人不知其意只當他受了这半日的折磨精神耗散才盡詞窮了再要考難逼迫著了急或生出事來到不便遂忙都劝賈政罢〻明日再題罢了賈政心中也怕賈母不放心漏一筆不遂冷笑道你

這畜生也竟有不能之時了也罷限你一日明日若再不能我定不饒這是要
緊一處更要好生作来說着引人出来再一觀望原来自進門起所行至此纔
游了十之五六總住妙伏下後文所補等處若都入此回寫完不獨太繁使後文冷落亦且非石頭記之筆
又值人来回有雨村處遣人回話又一緊故不能終局也○此處漸漸寫雨村親切正為後文地步伏脉千里横雲断嶺法
賈政笑道此數處不能遊也了雖如此到底從那一边出去縱不能細觀也可稍覽
說着引客行来至一大橋前見水如晶簾一般奔入原来這橋便是通外河之
閘引泉而入者寫出水源要緊之極近之畫家着意于山若不講水又造園圃者惟知弄莽憨頑石壅悴塚輙謂之景皆不知水為先着此回大緊一描處處未嘗離水蓋又未寫明水之從来今終補出精細之至賈正因問此閘何
名宝玉道此乃沁芳泉之正源就名沁芳閘究竟只一脉賴人力引導之功園不易造景非泛寫
賈政道道胡說偏不用沁芳二字此以下皆係文終之餘波收的方不突于是一路行

詞鄉此居
比大荒山
若何

来或清堂茅舍或堆石為垣或編花為牖或山下得幽尼佛寺或林中藏女道丹房或長廊曲洞或方厦圓亭賈政皆不及進去（伏下櫳翠菴芦雪広凸碧山庄凹晶溪館暖香塢等諸処於後文一断ミミ補之方得雲龍作雨之勢）因説半日腿酸未嘗歇息忽又見前面又露出一所院落了来賈政笑道到此可要進去歇息ミミ了説着一逕引人遶着碧桃花（怡紅院如此寫来用無意之筆却是極精細文字）穿过一層竹籬花障編就的月洞門（未寫其居先寫其境）俄見粉墻環護綠柳周垂（與萬竿修竹遥映）賈政與衆人進去一入門兩边都是游廊相接院中点襯几塊山石一边種着数本芭蕉那一边乃是一顆西府海棠其勢若傘絲垂翠縷葩吐丹砂衆人讚道好花ミミミ従来也見過許多海棠那里有這樣妙的賈政道這叫作女兒棠（妙名）乃是外国之種俗傳係出女兒国中云彼国此種最盛亦荒唐不經之說罷了衆

出自政老口中奇特之至

政老應如此語

十字若海棠有知必深謝之

人笑道然雖不經如何此名傳久了宝玉道大約騷人咏士以此花之色紅暈若施脂輕弱似扶病（体貼的切故形容的妙）大近乎閨閣风度所以以女兒命名想曰被世間俗悪听了他便以野史纂入為証以俗傳俗以訛傳訛都認真了（不獨此花近之謬傳者不少不能悉道只借此花數語駁盡）衆人都摇身讚妙一面說話一面都在廊外抱厦下打就的榻上坐了（至堦又至簷不肯輕易寫過）賈政因問想凡個什麼新鮮字來題此一客道蕉鶴二字最妙又一個道崇光泛彩方妙賈政與衆人都道好個崇光泛彩宝玉也道妙極又嘆只是可惜了衆人問如何可惜宝玉道此處蕉棠兩植其意暗蓄紅綠二字在内若只說蕉則棠無着落若只說棠蕉亦無着落固有蕉無棠不可有棠無蕉更不可賈政道依你如何宝玉道依我題紅香綠玉四字方兩全其妙賈政摇頭道不好々々說着引人進入房

内只見区几間房内收拾的與別處不同竟分不出間隔來的（新奇希見之式）原

特為青埂峰下凄凉與別處不同耳

來四面皆是雕空玲瓏木板或流雲百蝠或歲寒三友或山水人物或翎毛花卉或集錦或博古（花様過全之極然必用下文者正是作者無聊撰出新異筆墨使观者眼目一新所謂集小説之大成遊戲筆墨雕虫之技無所不備可謂善戲者矣又供諸人同々一戲妙極）或卍福卍壽（前金玉篆文是可考正篆今則從俗花様真是醒睡魔其中詩詞雅謎以及各種風俗字文一槩不必究只據此等處便是一絶）各種花様皆是名手雕鏤五彩銷金嵌宝的（至此方見一朱彩之处亦必如此式方可々笑近之园庭行動使以粉油從事）一槅々々或有貯書處或有設鼎處或安置筆硯處或供花設瓶安放盆景處其槅各式各様或天圓地方或葵花蕉葉或連环半璧真是花團錦簇剔透玲瓏倏尔五色紗糊就竟係小窓倏尔彩綾輕覆竟係幽戸（精工之極）且滿墻滿壁皆係隨依古董玩器之形摳成的槽子諸如琴劍懸瓶（懸于壁上之瓶也）

槕屏之類雖懸于壁却都是與壁相平的皆係人意想不到目所未見之文若云擬編虛想出来焉能如此。一段極清極細後文死犬瓶紫瑪瑙碟西洋酒令自行船等文不必細表眾人都讚好精緻想頭難為怎麽想来誰不如此讚原来賈政等走了進来未進兩層便都迷了旧路左瞧也有門可通右瞧又有窗暫隔及到了跟前又被一架書撹住回頭再走又有窗紗明透門徑可行及至門前忽見迎面也進来了一群人都與自己形相一樣却是玻璃大鏡相照及轉过鏡去（石兄迷否）一發見門子多了賈珍笑道（所謂投：是道是也）老爺隨我来從這門出去便是後院（此方便門也）從後院出去到比先近了說着又轉了兩層紗厨錦槅果得一門出去院中滿架薔薇蕣馥轉过花障則見青溪前阻又寫水眾人咤異這股水又是從何而来賈珍遥指道原從那閘起流至那洞口從東北山坳里引到那村庄里又開一道岔口引到西南上共總流到這里仍旧合在一（于怡紅總一）

處從那墻下出去衆人听了都道神妙之極說着忽見大山阻路衆人都道迷
了路了賈珍笑道隨我来仍在前導引衆人隨他直由山脚边忽一轉便是平
坦寬濶大路豁然大門前見可見前進来是小路曲折云忽一轉便是平坦寬濶之正甬路也細極
衆人都道有趣〻〻真〻搜神奪巧之至于是大家出来那宝玉一心只記掛着里
边又不見賈政吩咐少不得跟到書房賈政忽想起他来方喝道你还不去难道
还嫌不足也不想想你了這半日老太〻必懸掛着快進去疼你也白疼了如此去法
不知大家嚴父風範無家法者 宝玉听說方退了出来至院外就有跟賈政的几個
小厮上来攔腰抱住都說今兒虧我們老爺纔喜歡老太〻打發人出来問了
几遍都虧我們回說喜歡不然若老太〻叫你進去就不得展才了人〻都說
你纔那些詩比世人的都强今兒得了這樣的彩頭該賞我們了宝玉笑道每

園之看是書中大立意

衆善歸緣

自然有平坦大道

寬哉〻

下人口氣畢肖

以上可當大觀園記

人一吊錢衆人道誰没見那一吊錢把這荷包賞了罷説着一個上來解荷包那一個就解扇囊不容分説将宝玉所佩之物盡行解去又道好生送上去罷一個抱了起来几個圍繞送至賈母二門前那時賈母已命人看了几次衆奶娘丫嬛跟上来見過賈母知不曾难為着他心中自是欢喜少時襲人到了茶来見身边佩物一件無存因笑道帶的東西又是那起没臉的東西們解了去了林代玉听説走来瞧瞧果然一件無存因向宝玉道我給的那個荷包也給他們了你明兒再想我的東西可不能勾了説畢賭氣回房将前日宝玉所煩他作的那個香袋兒纔做了一半賭氣拿过来就鉸宝玉見他生氣便知不妥忙赶过来早剪破了宝玉已見过這香囊雖尚未完却十分精巧費了許多工夫今見無故剪了却也可氣因忙把衣領解了從裡面紅襖襟上将代玉所給的那

錢亦有没用處

好收煞

襲人在玉兒一身無時不照察到

又起楼閣

荷包解了下来遞與代玉瞧道你瞧〻這是什麽我那一回把你的東西給人

了林代玉見他如此珍重帶在裡面（按理論之則是天下本無事庸人自擾之若以兒女子之情論之則事必有之事必有之理又係今古小說中不能寫到寫得談情者亦不能說出講出情痴之至文也）可知是怕人拿去之意因此又自悔莽撞未見皂白就剪（鉸）了香袋（情痴之至若無此悔便是一庸俗小性之女子矣）因此又愧又氣低頭一言不發宝玉道你也不用剪（鉸）我知道你是懶待給我東西我連这荷包奉还何如說着擲向他怀中便走（这却难怪）代玉見如此越發氣起来声咽氣堵又汪〻的滚下泪来（怒之極正是情之極）拿起荷包来又剪（要鉸）宝玉見他如此忙回身搶住笑道好妹〻饒了他罷（这方是宝玉）代玉將剪子一摔拭泪說道你不用同我好一陣歹一陣的要恼就撂開手这当了什麽說着賭氣上床面向里倒下拭泪禁不住宝玉上来妹〻長妹〻短賠

不是前面賈母一片声我寶玉衆奶娘丫嬛們忙回説在林姑娘房裡呢賈母听説道好〻〻讓他姊妹們一處頑〻罷纔他老子拘了他这半天讓他開心一会子罷只别叫他們辦嘴不許牛了（扭着）他衆人荅應着代玉被宝玉纏不過只淂起来道你的意思不叫我安生我就離了你説着往外就走宝玉笑道你到那里我跟到那里一面仍拿起荷包来帶上代玉伸手搶道你説不要了这会子又帶上我也替你怪燥的説着嗤的一声又笑了宝玉道好妹〻明兒另替我作個香袋兒罷代玉道那也只瞧我高興罷了一面説一面二人出房到王夫人上房中去了（一段点过日二玉公案断不可少）可巧宝釵亦在那里此時王夫人那边熱鬧非常（四字特補近日千忙万冗多少花園錦簇文字）原来賈薔已從姑蘇採買了十二個女孩子並聘了教習以及行頭等事来了那時薛姨媽另遷

于東北上一所幽净房舍居住將梨香院早已騰挪出来另行修理了就令教習在此教演女戲又另派家中旧有曾演学过歌唱的女人們如今皆已皤然老嫗了（又補出当日寧榮在世之事所謂此是末世之時也）着他們帶領管理就令賈薔総理其日用出入銀錢等事以及諸凡大小所需之物料賬目（補出女戲一段又伏一案）又有林之孝来回採訪聘買得十個小尼姑小道姑都有了連新作的二十分道袍也有了外有一個帶髮修行的本是蘇州人氏祖上也是讀書仕宦之家因生了這位姑娘自小多病買了許多替生兒皆不中用足的這位姑娘親自入了空門方綫好了所以帶髮修行今年綫十八歲法名妙玉（妙卿出現至此細數十二釵以賈家四艷再加薛林二冠有六去秦可卿有七再凤有八李紈有九今又加妙玉僅得十人矣後有史湘雲与熙凤之女巧姐兒者共十二人雪芹題曰金陵十二釵蓋本宗紅樓夢十二曲之義後寶琴岫烟李紋李綺皆陪客也紅樓夢中所謂副十二釵是也又有又副冊三斷詞乃情雯襲人香菱三人）

妙玉世外人也故筆筆帶寫妙極妥極 畸笏

而已餘未多及想為金玔玉玔鴛鴦茜雲平兒等人無疑矣觀者不待言可知故不必多費筆墨

樹處引十二釵總未的確皆係漫擬也至末回警幻情榜方知正副再副及三四副芳諱　壬午季春　畸笏

如今父母俱已亡故身边只有兩個老嬷〻一個小丫頭伏侍文墨也極通經文也不用學了模樣兒又極好因听見長安都中有觀音遺跡並貝葉遺文去歲隨了師父上來（因此方使妙卿入都）現在西門外牟尼院住着他師父極精演先天神數于去冬圓寂了妙玉本欲扶灵回鄉的他師父臨寂遺言說他衣食起居不宜回鄉在此淨居後來自然有你的結果所以他竟未回（鄉）王夫人不等回完便說既這樣我們何不接了他來（林）秦之孝家的回道請他〻說侯門公府必以貴勢壓人我再不去的（補出妙卿身世不凡心性高潔）王夫人笑道他既是官宦小姐自然驕傲些就下個帖子請他何妨（林）秦之孝家的答應了出去命書啟相公寫請帖去請妙玉次日遣人備車轎去接等後話暫且閣过此時不能表白

補尼道一段又伏一案 當下又有人回工程上等着糊東西的紗綾請鳳姐去開樓揀紗綾又有人来回請鳳姐開庫收金銀器皿連王夫人並上房了環等衆皆一時不得閑的宝釵便説偺們别在這里碍手碍脚找探了頭去説着同宝玉代玉往迎春等房中來閑頑無話王夫人等日〻忙乱直到十月將盡幸皆全備各處監管都（寫）清賬目各處古董文玩皆已陳設齊備採辦鳥雀的自仙寉孔雀以及鹿兎雞鵝等類悉已買全交于園中各處像景飼養賈薔那边也演出二十齣雜戲来小尼姑道姑也都学会了几卷經咒賈政方略心意寬暢（好極）又請賈母等進園色〻斟酌点綴妥当再無一些遺漏（可見智者居心無一時馳怠）不妥（不安）之處了于是賈政方擇日題本（至此方完大觀园工程公案觀者則為大觀园廢尽精神余則為若許筆墨却只因一個埜花一家）本上之日奉硃批准奏次年正月十五上元之日恩准賈妃省親賈

府領了此恩旨亦發晝夜不閑年也不曾好生過的一語帶过是以歲首祭宗祀元宵開家宴一回晋在後文細寫宴賬眼元宵在迩自正月初八日就有太監出来先看方向何處更衣何處燕坐何處受礼何處開宴何處退息又有巡察地方提理閑防太監等帶了許多小太監出来各處関防擋圍幙指示賈宅人員何處退何處跪何處進膳何處啓事種〻儀注不一外面又有工部官員並五城兵備道打掃街道攆逐閑人賈赦等督率匠人扎花灯烟火之類至十四日俱已停妥這一夜上下通不曾睡至十五日五鼓自賈母等有爵者皆按品服大粧園内各處帳舞蟠龍簾飛彩鳳金銀煥彩珠宝争輝是元宵之夕不寫灯月而灯光月色滿紙矣鼎焚百合之香瓶插長春之蕋抵一篇大賦静悄無人咳嗽有此句方足賈赦等在西街門外賈母等在榮府大門外街頭巷口俱係圍幙擋嚴正等的不柰煩忽一太監

坐大馬而來（有是礼）賈母忙接入問其消息太監道早多着呢未初刻用過晚膳未正二刻还到宝灵宫拜佛（瞎貼王夫人細）酉初刻進大明宮領宴看灯方請旨只怕戌初纔起身呢鳳姐听了道既这麼着老太〻太〻且請回房等是時候（自然當家人先說話）再來也不遲于是賈母等暫且自便园中悉賴鳳姐照理又命執事人帶領太監們去吃酒飯一時傳人一擔〻〻的挑進臘燭來各處點灯方照完時忽听外边馬跑之声（淨極故聞之細）一時有十來個太監都喘吁〻跑來拍手兒（畫出内家風範石頭記最难之处别書中摸不着）這些太監会意都知道是來了〻〻（雅得他的出是经过之人也）各按方向站住賈赦領合族子侄在西街門外賈母領合族女眷在大門外迎接半日淨悄〻的忽見一对紅衣太監騎馬緩〻的走來（形容畢肖）至西街門下了馬將馬赶出圍幙之外便垂手面西站住（形容畢肖）半日又是一对亦是如

此少時便来了十来对方聞得隱〻細樂之声一对〻龍旌鳳翣雉羽夔頭又
有金銷提炉焚着御香然後一把曲柄七鳳黄金傘過来便是冠袍帯履又有
値事（随侍）太監捧着香珠繡帕漱盂拂塵等類一隊〻過完後面方是八個太監抬
着一頂金頂金黄繡鳳版輿緩〻行来賈母等連忙路傍跪下早飛跑過幾個（一丝不乱）
太監来扶起賈母邢夫人王夫人来那版輿抬進大門入儀門往東去到一所
院落門前有執拂太監跪請下輿更衣于是抬輿入門太監等散去只有照容
彩嬪等引領元春下輿只見院内各色（元春月中）花灯爛灼皆係紗綾扎成精緻非常上
面有一匾灯寫着体仁沐德四字元春入室更衣畢復出上輿進園只見園中
香烟繚繞花彩繽紛處〻灯光相映時〻細樂声喧說不盡這太平氣象富貴
風流此時自己回想当初在大荒山中青埂峰下那等淒涼寂寞若不亏癩僧

如此繁華盛極
花團錦簇之文

此時句下一段似应作注其作
者叙賦之語或以致作
批不可不知
精閱

忽用石兄自語截住是何筆力令人安得不拍案叫絕是閱歷來諸小說中有如此章法乎

跛道二人携来到此又安能得見這般世面本欲作一篇灯月賦省親頌以誌今日之事但又恐入了別書的俗套按此時之景即作一賦一讚也不能形容得盡其妙即不作賦讚其豪華富麗觀者諸公亦可想而知矣所以到是省了這工夫紙墨且說正經的為是（自此時以下皆石頭之語真是千奇百怪之文）且說賈妃在轎内看此园内外如此豪華因默默嘆息奢華過費忽又見執拂太監跪請登舟賈妃乃下輿只見清流一帶勢如游龍兩边石欄上皆係水晶玻璃各色風灯点的如銀光雪浪上面柳杏諸樹虽無花葉然皆用通草紬綾紙絹依勢作成粘于枝上的每一株懸灯数盞更兼池中荷荇鳧鷺之屬亦皆係螺蚌羽毛之類作就的諸灯上下争輝真係玻璃世界珠宝乾坤船上亦係各種精致盆景諸灯珠簾綉幙桂楫蘭橈自不必說已而入一石港港上一面匾灯

玻璃世界珠寶乾坤恰是彩妙

鑑堂

駁得好

明現著蓼汀花溆四字按此四字並有鳳来儀等處皆係上面賈政偶然一試
宝玉之課藝才情耳何今日認真用此匾聯况賈政世代詩書来往諸客屏侍
座陪者悉皆才技之流豈無一名手題撰竟用小兒一戲之辭苟且唐塞真似
暴發新榮之家濫使銀錢一味抹油塗硃畢則大書前門綠柳垂金鎖後户青
山列錦屏之類則以為大雅可觀豈石頭記中通部所表之寧榮賈府所為哉

石頭記貫用特犯不犯之筆真令人驚心駭目讀之

據此論之竟大相矛盾了諸公不知待蠢物石兄自謙妙可代答云豈敢将原委說
明大家方知當日這賈妃未入宮時自幼亦係賈母教養後来添了宝玉賈妃
乃長姊宝玉為弱弟賈妃之心上念母年将邁始得此弟是以憐愛宝玉與諸弟
待之不同且同隨祖母刻未暫離那宝玉未入學堂之先三四歲時已得賈妃

批書人領至此教故批

至此竟放声大哭俺先姊先逝太早不然余何得為廢人耶

手引口傳教授了幾本書數千字在腹内了其名分虽係姊弟其情狀有如母子

自入宮後時〻帶信出来與父母說千万好生扶養不嚴不能成器過嚴恐生
不虞且致父母之憂眷念切愛之心刻未能忘前日賈政聞塾師背後讚宝玉
偏才侭有賈政未信適巧遇园已落成令其題撰聊一試其情思之清濁其所
擬之區聯雖非妙句在幼童為之亦或可取即另使名公大筆為之固不廢（費）难
然想来到不如这本家風味（轉得好）有趣更使賈妃見之知係其愛弟所為亦或（有是論）不負
其素日切望之意一駁一解跌宕搖曳之至且寫得父母兄弟体貼戀愛之情淋漓痛切真是天倫至情
因有這段原委故此竟用了宝玉所題之聯額那日雖未曾題完後来亦曾補
擬一句補前文之不暇啓文之苗裔至後文凹晶館代玉口中又一補所謂一擊空谷八方皆應
閑文少述且說賈妃看了四字笑道花溆二字便妥何必蓼汀侍座太監听了
忙下小舟登岸飛傳與賈政〻〻听了即忙移換每的週到可悅一時舟臨内

岸復棄舟上輿便見琳宮綽約桂殿巍峩石牌坊上明顯天仙宝鏡四字不淂不用

俗賈妃忙命換省親别墅四字妙是特留此四字與彼自命于是進入行宮但見庭

燎燒空恰庭燎最香屑佈地火樹琪花金窗玉檻說不盡簾捲蝦鬚毯鋪魚獺鼎

飄麝腦之香屏列雉尾之扇真是金門玉户神仙府桂殿蘭宮妃子家賈妃乃

問此殿何無匾額隨侍太監跪啓曰此係正殿外臣未敢擅擬賈妃点頭不語

礼儀太監跪請升座受礼兩陛樂起礼儀太監二人引賈赦賈政等于月臺下

排班殿上昭容傳諭曰免太監引賈赦等退出又有太監引榮国太君及女眷

等自東階升月台上排班一絲不乱精致大方有如歐陽公九九昭容再諭曰

免于是引退茶已三獻賈妃降座樂止退入側殿更衣方備省親車駕出园至

賈母正室欲行家礼賈母等俱跪止不迭賈妃滿眼垂泪方彼此上前厮見一

非經歷過如何寫得出　壬午春

手挽賈母一手挽王夫人三個人滿心里皆有許多話只是俱說不出只管嗚咽对泣（石頭記得力擅長全是此等地）邢夫人李紈王熙鳳迎探惜三姊妹等俱在傍圍遶垂泪無言半日賈妃方忍悲強笑安慰賈母王夫人道當日既送我到那不得見人的去處好容易今日回家娘兒們一会不說說笑笑反倒哭起來一會子我去了又不知多早晚纔來說到這句不禁又哽咽起來（追魂攝魄石頭記傳神摸影全在此等地方他書中不得有此見識）邢夫人等忙上來解功（說完不可不先說不可說之不痛不可最難說者是此時賈妃口中之語只如此一說万千貼万妥一字不可更改一字不可增減入情入神之至）賈母等讓賈妃歸座又逐次一一見過又不免哭泣一番然後東西兩府掌家執事人丁在廳外行礼及兩府掌家事媳婦領了丫鬟等行礼畢賈妃因問薛姨媽宝釵代玉因何不見王夫人啓曰外眷無職未敢擅入（所謂詩書世家守礼如此偏是暴發驕妄

自大

賈妃听了忙命快請又讓之如此真是好界好人物一時薛姨媽等進來欲行

国礼亦命免过上前各叙濶别寒温又有賈妃原帶進宮去的丫环抱琴等前所

謂賈家四叙之环暗以琴棋書画排行至此上来叩見賈母等連忙扶起命人

始全

別室欵待執事太監及彩嬪昭容各侍從人等寧国府及賈赦那宅兩處自有

人欵待只留三四個小太監荅應母女姊妹深叙些离别情景深字妙及家務私

情又有賈政至簾外問安賈妃垂簾行叅等事又隔簾含泪謂其父曰田舍之

家雖虀塩布帛終能聚天倫之樂今雖富貴已極骨肉各方然終無意趣賈政

此語猶在耳

亦含泪啓道臣草莽寒門鳩群鴉屬之中豈意得徵鳳鸞之瑞今貴人上錫天

恩下昭祖德此皆山川日月之精奇祖宗之遠德鍾于一人幸及政夫婦且今

上啓天地生物之大德垂古今未有之曠恩雖肝腦塗地臣子豈能得報于萬

一惟朝乾夕惕忠于厥職外願我君万壽千秋乃天下蒼生之同幸也賈妃竊
勿以政夫婦殘年為念懣憤金懷更祈自加珍愛惟業業兢兢勤慎恭肅以侍
上殿方不負上体貼眷愛如此之隆恩也賈妃亦囑只以国事為重暇時保養切
忽記念等語賈政又啓園中所有亭台軒館皆係宝玉所題如果有一二稍可
寓目者請別賜名為幸元妃听了宝玉能題便含笑説果進益了賈政退出賈
妃見宝林二人亦發比別姊妹不同真是姣花軟玉一般因問宝玉為何不進
見至此方出宝玉賈母乃啓無諭外男不敢擅入元妃命快引進來小太監出去
作書人將批書人哭壞了
引宝玉進来先行国礼畢元妃命他進前携手攔于怀内又撫其頭頸笑道比
先竟長了好些一語未終淚如雨下只此一句便補足前面許多文字尤氏鳳姐等
上來啓道筵宴齊備請貴妃遊幸元妃等起身命宝玉導引遂同諸人步至园

門前早見灯光火樹之中諸般羅列非常進園来先從有鳳来儀紅香緑玉杏帘在望蘅芷清芬等處登樓步閣涉水緣山百般眺覧徘徊一處〻鋪陳不一一樁〻点綴新奇賈妃極加奬讚又劝以後不可太奢此皆過分之極已而至正殿諭免礼歸座大開筵宴賈母等在下相陪尤氏李紈风姐等親捧羹把盞元妃乃命傳筆硯伺候親搦湘管擇其几處最喜者賜名按其書云

顧恩思義 匾額

天地啓宏慈赤子蒼頭同感戴

古人垂曠典九州萬国被恩榮 此一匾一聯書于正殿 是賈妃口氣

大觀園 園之名

有鳳来儀 賜名曰瀟湘館

紅香緑玉改作怡紅快緑 即名曰怡紅院

蘅芷清芬 賜名曰蘅蕪苑

杏帘在望 賜名曰澣葛山庄

正樓曰大觀樓東面飛樓曰綴錦閣西面斜樓曰含芳閣更有蓼風軒藕香榭

雅而新 紫菱洲荇葉渚等名又有四字的匾額十數個諸如梨花春雨桐剪秋

風荻蘆夜雪等名此時悉難全記 故意留下秋爽齋凸碧山堂凹晶溪館暖香塢等處為後文另換眼目之地步

又命旧有匾聯俱不必摘去于是先題一絕云

啣山抱水建來精　多少工夫築始成　天上人間諸景備

芳園應錫大观名 詩却平平蓋彼不長于此也故只如此

寫畢向諸姊妹笑道我素乏捷才且不長于吟咏妹輩素所深知今夜聊以塞責不負斯景而已異日少暇必補撰大观园記並省親頌等文以記今日之事妹輩亦各題一匾一詩隨才之長短亦暫吟成不可因我微才所縛且喜宝玉竟知題咏是我意外之想此中瀟湘館蘅蕪苑二處我所極愛次之怡紅院浣

葛山庄此四大處必得别有章句題咏方妙前所題之聯雖佳如今再各賦五言律一首使我當面試过方不負我自幼教授之苦心宝玉只得答應了下来自去搆思迎探惜三人之中要筭探春又出于姊妹之上然自忖亦难與薛林争衡口一語便寫出宝代二人又寫出探卿知己知彼伏下後文多少地步只得勉強隨衆塞責而已李紈也勉強湊成一律不表薛林可知賈妃先挨次看姊妹們的寫道是

曠性怡情 匾額　　迎春

園成景備特精竒奉命羞題額曠怡誰信世間有此境游来寧不暢神思

萬象争輝 匾額　　探春

名園築出勢巍巍奉命何慚学浅微精妙一時言不出果然萬物生光輝

文章造化 匾額　　　　惜春

山水横拖千里外楼台高起五雲中園修日月光輝裏景奪文章造化功 (更牽強三)

(首之中还箕探卿略有作意故後文寫出許多意外妙文)

文采風流 匾額　　　　李紈

秀水明山抱復廻風流文采勝蓬莱 (超妙) 緑裁歌扇迷芳草紅襯湘裙舞落梅

(凑成) 珠玉自應傳盛世神仙何早下瑶台名園一自邀游幸未許凡人到此来

(此四詩列于前正為瀚托下韵也)

凝暉鍾瑞 匾額 (便有含蓄)　　　　薛宝釵

芳園築向帝城西華日祥雲籠罩奇高柳喜遷鶯出谷修篁時待凤来儀 (恰極)

文風已著宸遊夕孝化應隆歸省時睿藻仙才盈彩筆自慚何敢再為辞 (好詩 此不)

过頌聖應酬耳猶未見長以後漸知

世外仙源 區額　落思便不與人同　林代玉

名園築何處仙境別紅塵借得山川秀添来景物新 所謂信手拈来無不是阿顰自是一種心思

香融金谷酒花媚玉堂人何幸邀恩寵宮車過往頻 末二首是應制詩

余謂宝林此作未見長何也盖後文別有驚人之句也在宝卿有生不屑為此在代卿寔不足一為

賈妃看畢稱賞一番又笑道終是薛林二妹之作與衆不同非愚姊妹可同列

者原来林代玉安心今夜大展奇才将衆人壓倒 这却何必然尤物方如此 不

想賈妃只命一匾一咏到不好違諭多作只胡乱作一首五言律應景罢了 請看

前詩却云是胡乱應景

彼時宝玉尚未作完只剛作了瀟湘館與蘅蕪苑二首正作

怡紅院一首起草內有綠玉春猶捲一句宝釵轉眼瞥見便趁衆人不理論急

这樣章法又是不曾見过的

忙回身悄推他道他（此他字指賈妃）曰不喜紅香綠玉四字改了怡紅快綠你這会子偏用綠玉二字豈不是有意和他爭馳了況且蕉葉之說也頗多再想一個字改了罷宝玉見宝釵如此說便拭汗道（想見其搆思之苦方是至情最厭近之小說中滿紙神童天分等語）我這會子揔想不起什麽典故出處来宝釵笑道你只把綠玉的玉字改作蠟字就是了宝玉道綠蠟可有出處宝釵見問悄悄的咂嘴點頭笑道虧你今夜不過如此將来金殿对策你大約連趙錢孫李都忘了呢（有得宝卿奚落但就謂宝卿無情只是較阿顰施之特正耳）唐錢翊咏芭蕉詩頭一句冷燭無烟綠蠟乾你都忘了不成（此等處便用硬証寔處最是大力量但不知是何心思是從何落想穿揷到如此玲瓏錦繡地步）宝玉听了不覺洞開心臆笑道該死該死現成眼前之物偏到想不起来了真可謂一字師了從此後我只叫你師父再不叫姐姐了宝釵亦悄悄的笑道還

好極

媚極靜極

如此穿插安得不令人拍案叫絕　壬午季春

偏又寫一樣是何心意構思而淂　畸笏

紙團送送係應童生秘訣代卿自何処學淂一咲　丁亥春

不快作上去只管姐〻妹〻的誰是你姐〻那上頭穿黄袍纔是你姐〻你又認我這姐〻来了一面說笑曰說笑又怕他耽延工夫遂抽身走開了一段忙中閑文已是好看之極出人意外宝玉只淂續成共有了三首此時林代玉未淂展其抱負怨有自是不快因見宝玉獨作四律大費神思何不代他作两首也省他些精神不到的之處寫代卿之情思待宝玉却又如此是與前文特犯不犯之處想着便也走至宝玉案傍悄問可都有了宝玉道纔有了三首只少杏帘在望一首了代玉道既如此你只抄録前三首罷赶你寫完那三首我也替你作出這首了說畢低頭一想早已吟成一律熙他寫阿顰只如此便妙極便寫在紙條上搓成個團子擲在他跟前宝玉打開一看只覓此首比自已所作的三首高過十倍真是喜出望外送等文字亦是觀書者望外之想遂忙恭楷呈上賈妃看道

有鳳来儀　　臣宝玉謹題

秀玉初成實堪宜待鳳凰（起便拿得住）竿竿青欲滴個個綠生凉迸砌防階水穿簾礙鼎香（妙句古云竹密何妨水過今偏翻案）莫摇清碎影好夢晝初長

蘅芷清芬

蘅蕪滿淨苑蘿薜助芬芳（助字妙通部書所以皆善練字）軟襯三春艸柔拖一縷香（刺画入妙）

輕烟迷曲徑冷翠滴迴廊（甜脆滿頰）誰謂池塘曲謝家幽夢長

怡紅快綠

深庭長日靜兩兩出嬋娟（双起双敲讀此首始信前云有蕉無棠不可有棠無蕉更不可等批非泛泛妄批駁他人到自己身上則無能為之論也）綠蠟（本是玉字此尊宝卿改似較玉字佳）春猶捲（是蕉）紅粧夜未眠（是海棠）

凭欄垂絳袖（是海棠之情）倚石護青烟（是芭蕉之神何得如此工恰自然真是好詩却是好書）

对立東風裏双收主人應解憐歸到主人方不落空○王梅隱云咏物体又难双承双落一味双拿則不免牽強此首可謂詩題两稱極工極切極流离嫵媚

杏帘在望

杏帘招客飲在望有山庄分題作一氣呵成格調熟練自是阿顰口氣菱荇鵞兒水桑榆燕子梁阿顰之心臆才情原与人别亦不是從讀書中得来一畦春韭緑十里稻花香盛世無飢餒何須耕織忙以幻入幻順水推舟且不失應制所以稱阿顰

賈妃看畢喜之不盡說果然進益了又指杏帘一首為前三首之冠遂将澣葛山庄改為稻香村如此好很妙善又命探春另以綵箋謄録出方纔一共十數首詩出令太監傳与外廂賈政等看了都称頌不已賈政又進帰省頌元春又命以瓊酥金膾等物賜与宝玉並賈蘭百忙中点出賈蘭一人不落此時賈蘭極幼未達

仍用玉兄前擬稻香村却如此幻筆幻体文章之格式至矣盡矣 壬午春

諸事只不過隨母依叔行礼故無别傳賈環從年内染病未痊自有閑處調養故亦無傳補明方不遺失那時賈薔帶領十二個女戲在楼下正等的不耐煩只見一太監飛来説作完了詩快拿戲单来賈薔急將錦冊呈上並十二個花名单子少時太監出来只点了四齣戲

第一齣豪宴一捧雪中伏賈家之敗　第二齣乞巧長生殿中伏元妃之死

第三齣仙緣邯鄲夢中伏甄宝玉送玉　第四齣離魂伏代玉死所点之戲劇伏四事乃牡丹亭中通部書之大過節大関鍵

賈薔忙張羅扮演起来一個個歌欺裂石之音舞有天魔之態雖是粧演的形容却作盡悲欢情状二句畢矣剛演完了一太監執一金盤糕点之属進来問誰是齡官賈薔便知是賜齡官之物喜的忙接了何喜之有伏下後面許多文字只用一喜字

命齡官叩頭太監又道貴妃有諭説齡官極好再作兩齣戲不拘那兩齣就是了賈薔忙答應了因命齡官作遊園驚夢二齣齡官自為此二齣原非本角之戲執意不作定要作相約相罵二齣叙劇記中緫隱後文不盡風月等文

按近之俗語云能養千軍不養一戲蓋甚言優伶之不可養之意也大抵一班之中此一人技業稍優出衆此一人則拿腔作勢轄衆恃能種種可悪使主人逐之不捨責之不可雖不欲不憐而実不能不憐雖欲不愛而実不能不愛余歷梨园子弟廣矣各各皆然亦曽与慣養梨园諸世家兄弟談議及此衆皆知其事而皆不能言今閲石頭記至原非本角之戲執意不作二語便見其恃能壓衆喬酸姣妒淋漓滿紙矣復至情悟梨香院一回更將和盤托出与余三十年前目睹身親之人現形于紙上使言石頭記之為書情之至極言之至恰然非領畧过乃事迷陷过乃情即現此茫然嚌嚻亦不知其神妙也

賈薔扭他不過如何反扭他不过其中隱許多文字只淂依他作了賈妃甚喜命不可难為了這女孩子好生教習可知尤物了額外賞了兩疋宮緞兩個荷包並金銀錁子食物之類又伏下一個尤物一段新文然後撤筵將未到之處復又游玩忽

見山環佛寺忙另盥手進去焚香拜佛又題一匾云苦海慈航（寓通部人事一篇熟又却如此）
叅收又額外加恩與一般幽尼女道少時太監跪啓賜物俱齊請驗等例乃呈
上畧節賈妃從頭看了俱甚妥協即命照此遵行太監听了下来一一發放原
來賈母的是金玉如意各一柄沉香拐拄[杖]一根茄楠念珠一串富貴長春宮緞
四疋福壽綿長宮紬四疋紫金筆錠如意錁十錠吉慶有魚銀錁十錠邢夫人
王夫人二分只減了如意拐珠[杖念]四樣賈敬賈赦賈政等每分御製新書二部宝
墨二匣金銀爵各二隻表礼按前宝釵代玉諸姊妹等每人新書一部宝硯一
方新樣格勢[式]金銀錁二对宝玉亦同此（此中忽夹上宝玉可思）賈蘭則是金銀項圈
二個金銀錁二对尤氏李紈鳳姐等皆金銀錁四錠表礼四端外表礼二十四
端清錢一百串是賜与賈母王夫人及諸姊妹房中奶娘丫鬟的賈珍賈璉

一回離合悲歡夾寫之文真如山陰道上令人應接不暇尚有許多忙中閑閑中忙小波瀾一絲不漏一筆不苟

賈环賈蓉等皆是表礼一分金錁一双其餘彩緞百端金銀千兩御酒華筵是賜東西兩府凢園中管理工程陳設答應及司戲掌灯諸人的外有清錢五百串是賜厨役優伶百戲雜行人丁的衆人謝恩已畢執事太監啓道時已丑正三刻請駕回鑾賈妃听了不由的满眼又滚下泪来却又免強堆笑拉住賈母王夫人的手緊緊的不忍釋放（使人鼻酸）再四叮嚀不須掛念好生自養如今天（有閏子）恩浩瀚一月許進內省視一次見面是儘有的何必傷慘倘明歲天恩仍許歸省萬不可如此奢華靡費了（妙極之識試看別書中專能故用一不祥之語為讖今偏不然只有如此現成一語便是不再之讖只看他用一倘字便隱諱自然之至）賈母等已哭的哽噎難言了賈妃雖不忍別怎奈皇家規範違錯不得只得忍心上輿去了這里諸人好容易將賈母王夫人安慰解劝攙扶出园去了正是

第十九回

話説賈妃回宮次日見駕謝恩并回奏歸省之事龍顏甚悦又發内帑彩緞金銀等物以賜賈政及各椒房等員 補還一句細方見省親不獨賈家一門也 不必細説

且説栄寧二府中因連日用盡心力真是人〻力倦各〻神疲又将園中一應陳設動用之物収拾了両三天方完第一個鳳姐事多任重別人或可偷安躲静獨他是不能脱滑的二則本性要強不肯落人褒貶只扎挣着與無事的人一様 伏下病源 第一個宝玉是極無事最閒暇的偏這日一早襲人的母親又親来回過賈母接襲人家去吃年茶晩間纔滑回来 一回一回各生机軸總在人意想之外 因此宝玉只和衆了頭們擲骰子赶圍棋作戲 寫出正月光景 正在房内頑的没興頭忽見了頭們来回説東府珍大爺来請過去看戲放花灯宝玉听了便命換衣裳纔要去時忽又有賈妃賜出糖蒸酥酪来 總是新正妙景 宝玉想上次襲人

喜吃些物便命留与襲人了自巳回過賈母過去看戲誰想賈珍這边唱的是
丁郎認父黃伯央大擺陰魂陣更有孫行者大鬧天宮姜子牙斬將封神等類
的戲文閙（真〻熱） 倐爾神鬼乱出忽又妖魔畢露甚至於揚旛過会号佛行香鑼
鼓喊叫之声遠聞巷外（形容尅剝之至弋楊腔能事畢矣。閱至此則有如耳內喧嘩目中亂後文至隔墻聞裊晴絲數曲則有如魂隨笛轉魄逐歌銷形容一事〻〻畢真石頭是第一能手矣）滿街之人個〻都讚好
熱鬧戲別人家斷不能有的（必有之言） 宝玉見繁華熱閙到如此不堪的田地只
略坐了一坐便走開各處閒耍先是進內去和尤氏和了环姬妾說笑了一回
便出二門來尤氏等仍料他出來看戲遂也不曾照管賈珍賈璉薛蟠等只催
猜拔行令百般作楽也不理論縱一時不見他在座只道在里边去了故也不
問至於跟宝玉的小厮們那年紀大些的知宝玉這一來了必是晚間纔散回

此偷空也有去會賭的也有往親友家去吃年茶的更有或嫖或飲的都私散了待晚間再來那小些的都鑽進戲房里瞧熱鬧去了宝玉見一個人沒有因想這里素日有個小書房名　　　　內曾掛着一軸美人極畫的得神今日這般熱鬧想那里自然

那美人也自然是寂寞的得我去望慰他一回（極不通極胡說中寫出絕代情痴宜乎衆人謂之瘋傻）想着便往書房裡來剛到窗前聞得房內有呻吟之韻宝玉到唬了一跳敢是美人活了不成（又帶出小兒心意一絲不落）乃乍着胆子舔破窗紙向內一看那軸美人卻不曾活卻是茗烟按着一個女孩子也幹那警幻所訓之事宝玉禁不住大叫了不得一脚踹進門去將那兩個唬開了抖衣而顫茗烟見是宝玉忙跪求不迭宝玉道青天白日這是怎庅說（開口好）便　珍大爺知道你是死是活一面

看那丫頭雖不標緻到还白净些微亦有動人處羞的臉紅耳赤低首無言宝玉踩脚道还不快跑此等搜神奪魄至神至妙處只在囫圇不解中得一語提醒了那丫頭飛也似去了宝玉又赶出去叫道你别怕我是不告訴人的活宝玉移之他人不可急的茗烟在後叫祖宗這是分明告訴人了宝玉因問那丫頭十幾歲了茗烟道大不過十六七歲了宝玉道連他的歲屬也不問〻别的自然越發不知了可見他白認得你了可憐〻〻

按此書中寫一宝玉其宝玉之為人是我輩于書中見而知有此人實未目曾親覩者又寫宝玉之發言每〻令人不解宝玉之生性件〻令人可笑不獨于世上親見這樣的人不曾即閱今古所有之小説奇傳中亦未見這樣的文字於顰兒処更為甚其囫圇不解之中寔可解可解之中又説不出理路合目思之却如真見一宝玉真聞此言者移之第二人万不可亦不成文字矣余閱石頭記中至奇至妙之文全在宝玉顰兒至痴至呆囫圇不解之語中其詩詞雅謎酒令奇衣奇食奇玩等類固他書中未能然在此書中評之猶為二着

情景逼真如見妙絶〻

又問名字叫什庅茗烟大笑道若説出名子来話長真〻新鮮竒文竟是寫不

奇文句似应作註

蚧音希
蚧蚧笑貌

出来的妙（若都寫的出来何以見此書中之妙脂研）據他說他母親養他的時節做了個夢（又一個夢只是隨手成趣耳）夢見得了一疋錦上面是五色富貴不斷頭卍字的花樣（千奇百怪之想所謂牛溲馬勃皆至藥也魚鳥昆虫皆妙文也天地間無一物不是妙物無一物不可不成文但在人意捨取耳此皆信手拈来隨事成趣大游戲大慧悟大解脫之妙文也）所以他的名子叫作卍兒（音萬）宝玉听了笑道真也新奇想必他将来有些造化說着沉思一会茗烟因問二爺為何不看這樣的好戲宝玉道看了半日怪煩的出来𢓭𢓭就遇見你們了这会子作什庅呢茗烟蚧蚧笑道这会子没人知道我悄悄的引二爺往城外𢓭𢓭去一会子再往这里来他們就不知道了（茗烟此時只要掩飾方纔之過故設此以悅宝玉之心）宝玉道不好仔細花子拐了去便是他們知道了又鬧大了不如往熟近些的地方去还可就来茗烟道熟近地方誰家可去这却难了宝玉笑道依我的主意

偺們竟我你花大姐〻去瞧他在家作什庅呢宝玉心中早安了這着但恐茗烟不肯引去耳恰遇茗烟私行淫媾為宝玉所協故以城外引以悅其心宝玉始悅出往花家去非茗烟適有罪所協万不敢如此私引出外别家子弟尚不敢私出況宝玉哉況茗烟哉文字荀楔細極

茗烟笑道好〻到忘了他家又道若他們知道了說我引着二爺胡走要打我呢必不可少之語　宝玉道有我呢茗烟听說拉了馬二人從後門就走了幸而襲人家不遠不過一半里路程展眼已到門前茗烟先進去叫襲人之兄花自芳隨姓成名隨手成文　彼時襲人之母接了襲人與几個外甥女兒一樹千枝一源万派無意隨手伏脉千里几個侄女兒来家正吃菓茶听見外面有人叫花大哥花自芳慌出去看時見是他主僕兩個唬的驚疑不止連忙抱下宝玉来在院内嚷道宝二爺来了别人听見还可襲人听了也不知為何忙跑出来迎着宝玉一把拉着問你怎庅来了宝玉笑道我怪悶的来瞧〻你作什庅呢襲人听了纔

放下心来（精細週到）嗐了一声笑道（轉至笑字妙神細）你也特胡鬧了（談說：得是）可作什広来呢一面又問茗烟还有誰跟来茗烟笑道別人都不知就只我們兩個襲人听了復又驚慌（是必有之神理非特故作頓挫）說道这还了得倘或硼見了人或是遇見了老爺街上人擠車硼馬轎紛紛的若有個閃失也是頑得的你們的胆子比斗还大都是茗烟調唆的回去我定告訴嬤嬤們打你（談說：的更是指研）茗烟撅了嘴道二爺罵着打着叫我引了来這会子推到我身上我說別来罷不然我們還去罷（茗烟賊）花自芳忙劝罷了已是来了也不用多說了只是茅簷草舍又窄又贓爺怎広坐呢襲人之母也早迎了出来襲人拉了宝玉進去宝玉見房中三五個女孩兒見他進来都低了頭羞慚慚的花自芳母子兩個百般怕宝玉冷又讓他上炕又忙另摆菓桌又忙倒好茶（連用三又字上文一個百般神理活現脂硯）

襲人笑道你們不用白忙妙不寫襲卿忙正是忙之至若一寫襲人忙便是庸俗小派了

我自然知道菓子也不用擺也不敢亂給東西吃如此至微至小中便帶出家常情他書寫不及此

一面説一面将自巳的坐褥拿了鋪在一個炕上宝玉坐了用自巳的脚炉墊了脚向荷包内取出兩個梅花香餅兒来又将自巳的手炉掀開焚上仍盖好放與宝玉懷内然後將自巳的茶杯斟了茶送與宝玉疊用四自巳字寫浔宝襲二人素日如何親洽

如何尊荣此時一盤托出盖素日身居侯府綺羅錦綉之中其安富尊荣之宝玉親密浹洽勤慎委婉之襲人是分所應當不必寫者也今於此一補更見其二人平素之情義且暗透此回中所有母女兄長欲為贖身角口等未到之過文

彼時他母兄巳是忙壞另齊齊整整擺上一桌子菓品来襲人見總無可吃之物

補明宝玉自幼何等嬌貴以此一句畱与下部後數十回寒冬噎酸虀雪夜圍破毡等處对看可為後生過分之戒嘆嘆

因笑道既来了沒有空去之礼好歹嚐一点兒也是来我家一淌浔意之態是幾与母兄較

争以後之神理 說着便拈了几個松子穰 惟此品稍可一拈別品便大錯了 吹去細
最細
皮用手帕托着送與宝玉〻〻看見襲人兩眼微紅粉光融滑 八字画出幾收泪之一女兒是好形容且是宝玉眼中意中 因悄問襲人好〻的哭什麼襲人笑道何嘗哭纔迷了
眼揉的因此便遮掩過了 伏下後文所補未到多少文字 當下宝玉穿着大紅金蟒
狐腋箭袖外罩石青貂裘排穗褂襲人道你特為往這里來又換新衣服他們 指睛
雯麝月 就不問你往那去的 必有是問閱此則又笑盡小說中無故家常穿紅掛綠綺綈綾羅等語自謂是富貴語究竟反是寒等酸話
宝玉笑道珍大爺那里去看戲換的襲人点頭又道坐一坐就回去罷這
個地方不是你來的宝玉笑道你就家去纔好呢我还替你留着好東西呢襲 生受切己之事
人悄笑道悄〻的叫他們听着什麼意思 想見二人來日情常 一面又伸手從宝玉
項上將通靈玉摘了下來向他姊妹們笑道你們見識〻〻時常說起來都當

自一把拉住至此諸形景動作襲卿有意徽露峰芒軒中隱事也

希罕恨不能一見今兒可儘力瞧了再瞧什庅希罕物兒也不過是这庅個東西行文至此固好看之極且勿論按此言固是襲人得意之話蓋言你等所希罕不得一見之寶我却常守常見視為平物然余今窺其用意之旨則是作者借此正為貶玉原非大觀者也說畢遞與他們傳看了一遍仍與宝玉掛好又命他哥々去或僱一乘小轎或僱一輛小車送宝玉回去花自芳道有我送去騎馬也不妨了（只如保重耳）襲人道不為不妨為的是磞見人細極花自芳忙去僱了一頂小轎来眾人也不敢相留只得送宝玉出去襲人又抓菓子與茗烟又把些錢與他買花炮放教他不可告訴人連你也有不是一直送宝玉至門前看着上轎放下轎簾花茗二人牽馬跟隨来至寧府街茗烟命住轎向花自芳道須等我同二爺还到東村（府）里混一混纔好過去的不然人家就疑惑了花自芳听說有理忙将宝玉抱出轎来送上馬去宝玉笑說到难為你了（公子口氣）于是仍進後門来俱不

在話下卻說宝玉自出了門他房中這些了环們都越性恣意的頑笑也有赶圍棋的也有擲骰抹牌的磕了一地瓜子皮偏奶母李嬷拄拐進來請安瞧：宝玉見宝玉不在家了頭們只僱頑鬧十分看不過（人：都看不過獨宝玉看得過）因嘆道只從我出去了不大進來你們越發没个樣兒了（說得是原說 別的媽媽們越不敢說你們了（補明好宝玉雖不吃乳豈無伴從之媪嫗哉）那宝玉是个丈八的灯台照見人家照不見自家的（妙 用俗語入）只知嫌人家髒這是他的屋子由着你們遭塌越不成体統了（所以為今古未有之一宝玉）這些了頭們明知宝玉不講究這些二則李嬷：已是告老解事出去的了（調侃入微 妙 妙）如今管他們不着因此只僱頑並不理他那李嬷：还只管問宝玉如今一頓吃多少飯什麼時辰睡覺等語了頭們總胡乱答應有的（宜在有的）說好一個討厭的貸李嬷：又

問道這盖碗里是酥酪怎不送與我去我就吃了罢說畢拿匙就吃（寫聾鍾奶姆便是聾鍾奶姆）一個丫頭道快別動那是說了給襲人留着的（痕遁下無）回来又惹氣了（照應茜雪楓露茶前案）你老人家自己承認別帶累我們受氣（這等話玉声口必是晴雯無疑）李嬤嬤听了又氣又愧便說道我不信他這樣壞了別說我吃了一碗牛奶就是再比這個值錢的也是應該的難道待襲人比我还重難道他不想想怎麼長大了我的血变的奶吃的長這麼大如今我吃他一碗牛奶他就生氣了我偏吃了看怎麼樣你們看襲人不知怎樣那是我手里調理出来的毛丫頭什麼阿物兒（虽暫委曲唐突襲卿然亦怨不得李嫗）一面說一面賭氣將酥酪吃盡又一丫頭笑道他們不會說話怨不得你老人家生氣宝玉还時常送東西孝敬你老去豈有為這個不自在的（听這声口必是麝月無疑）李嬤道你們也不必粧狐媚

子哄我打量上次為茶攆茜雪的事我不知道呢（照應前文又用一攆屈殺寶玉然在李媼心中口中畢肖）
明兒有了.不是我再来領說着賭氣去了（四過至下）少時寶玉回来命人去接襲
人只見晴雯淌在床上不動（嬌態已慣）寶玉曰問敢是病了再不然輸了秋紋道
他到是羸的誰知李老太太来了混輸了他氣的睡去了寶玉笑道你别和他
一般見識由他去就是了說着襲人已来彼此相見襲人又問寶玉何處吃飯
多早晚回来又代母妹問諸同伴姊妹（好）一時換衣卸粧寶玉命取酥酪来丫环
們回說李奶奶吃了寶玉纔要說話襲人便忙笑道原来是留的这个多謝費
心前兒我吃的時候好吃吃過了好肚子疼足（鬧）的吐了纔好他吃了到好擱在
这里到白遭塌了（与前文應失手碎鍾逐对通部襲人皆是如此一絲不錯）我只想
風干栗子吃你替我剝栗子我去鋪床（必如此方是）寶玉听了信以為真方把酥

酪丢開取栗子来自向灯前檢剔一面見衆人不在房中乃笑問襲人道今兒那个穿紅的是你什麽人 若是過女兒之後沒有一段文字便不是宝玉亦非石頭記矣 襲人道那是我兩姨妹子宝玉听了讚嘆了兩声 这一讚嘆又是令人囫圇不解之語只此便抵過一大篇文字 襲人道嘆什麽 只一嘆字便引出花解語一回来 我知道你心里的緣故想是說他那里配紅的 補出宝玉素喜紅色这是激語 宝玉笑道不是不是那樣的不配穿紅的誰还敢穿 活宝玉 我因為見他實在好的狠怎麽也得他在偺們家就好了 妙談妙意 襲人冷笑道我一个人是奴才命罷了难道連我的親戚都是奴才命不成定还要揀實在好的丫頭纔往你家来 妙答宝玉並未說奴才二字襲人連補奴才二字最是勁節怨不得作此語 宝玉听了忙笑道你又多心了我說往偺們家来必定是奴才不成 勉強如聞 說親戚就使不得 更強 襲人道那也搬配不上 說的事 宝玉便不

肯再說只是剥栗子襲人笑道怎麽不言語了想是我纔冒撞冲犯了你明兒賭氣花几兩銀子買他們進来就是了提是故意激他宝玉笑道你說的話怎麽叫我答言呢我不過是讚他好正配生在这深堂大院里沒的我們这種濁物妙號後文又曰鬚眉濁物之稱今古未有之一人始有此今古未有之妙稱妙號

到生在這里这皆宝玉意中心中確寔之念非前勉強之詞所以謂今古未之一人耳听其囫圇不解之言察其幽微感觸之心審其痴妄委婉之意皆今古未見之人亦是未見之文字說不淂美說不淂愚說不淂不肖說不淂善說不淂悪說不淂正大光明說不淂混賬悪賴說不淂聰明才俊說不淂庸俗平說不淂好色好淫說不淂情痴情種恰恰只有一顰兒可对令他人徒加評論揔未摸着他二人是何等脫胎何等骨肉余閱此書亦愛其文字耳寔亦不能評出此二人終是何等人物後觀情榜評曰宝玉情不情代玉情情此二評自在評痴之上亦屬囫圇不解妙甚

襲人道他雖沒这造化到也是嬌生慣養的呢我姨爹娘的宝貝如今十七歲各樣的嫁粧都齊備了明年就出嫁宝玉听了出嫁二字不禁又嗐了兩声

所謂不入耳之言也

心思另是一樣余前評可見 正是不自在又听襲人嘆道 [襲人亦嘆自有別論] 只從我
來這幾年姊妹們都不得在一處如今我要回去了他們又都去了寶玉听這
話內有文章 [余亦如此] 不覺吃一驚 [余亦吃驚] 忙丟下栗子問道怎庅你如今
要回去了襲人道我今兒听見我媽和哥哥商議教我再耐煩一年明年他們
上來就贖我出去的呢 [即余今日尤难為情況當日之寶玉哉] 寶玉听了这話越發
怔了因問為什庅要贖你襲人道这話奇了我又比不得是你这里的家生子
兒一家子都在別處獨我一个人在这里怎庅是个了局 [說得極是] 寶玉道我
不叫你去也难 [是頭一句駁故用貴公子聲口無理] 襲人道從來没这道理便是朝
廷宮（家）裡也有個定例或幾年一選几年一入也没有個長遠留下人的理別說
你了 [一駁更有理] 寶玉想一想果然有理 [自然] 又道老太太不放你也难 [答第二層仗]

祖母溺愛更無理襲人道為什庅不放我果然是個最难得的或者感動了老太〻

老太〻宝玉並不提王夫人襲人偏自補出週密之至必不放我出去的設或多給

我們家幾兩銀子留下我然或有之其寔我也不過是個平常的人比我強的

多而且多自我從小兒来了跟着老太〻先伏侍了史大姑娘幾年百忙中又補出湘雲

来真是七穿八達淂空便入如今又伏侍了你幾年如今我們家来贖正是該叫去的

只怕連身價也不要就開恩叫我去呢若說為伏侍的你好不叫我去斷然没

这都是真心話

有的事那伏侍的好是分内應當的不是什庅奇功我去了仍舊有好的了不

是没了我就不成事再一駁更精細更有理宝玉听了这些話竟是有去的理無留

的理自然心内越發急了原當急因又道雖然如此說我只一心留下你不怕

老太〻不和你母親說多〻給你母親些銀子他也不好意思接你了急心腸故入于覇道

無理 襲人道我媽自然不敢強且漫說和他好說又多給銀子就便不好和他說一個錢也不給安心要強留下我他也不敢不依但只是咱們家從沒幹過這倚勢仗貴霸道的事這比不得別的事什麼好東西因為你喜欢加十倍利弄了来給你那賣的人不得吃虧可以行得如今無故平空留下我於你又無益反叫我們骨肉分離這件事老太太斷不肯行的 三駁不獨更有理且又補出賈府自家慈善寬厚等事 宝玉听了思忖半晌 正是思忖只有去理寔無 乃說道依你說你是去定了 自然 襲人道去定了 五口氣像極 宝玉听了自思道誰知這樣一個人這樣薄情無義 余亦如此見疑 乃嘆道早知道都是要去的 都是要去的妙可謂觸類傍通活是宝玉 我就不該弄了来臨了剩我一個孤鬼兒 可謂見首知尾活是宝玉 說着便賭氣上床睡去了 又到無可奈何之時了 原来襲人在家听見他母兄要贖他回去 補前文 他就說至死也不

回去的又說當日原是你們沒飯吃就剩我还值幾兩銀子若不吗你們賣沒
有個看着老子娘餓死的理（補出襲人幼時艱辛苦狀与前文之香菱後文之晴雯大同小異自是又副十二釵中之冠故不得不補傳之）如今幸而賣到這個地方（可謂不幸中之幸）吃穿和主子一樣又不朝
打暮罵況且如今爹雖沒了你們却又整理的家成業就復了元氣若果然还
艱难把我贖出来再多掏澄幾個錢也还罢了其寔又不难了這会子又贖我
作什么權當我死了再不必起贖我的念頭因此哭鬧了一陣（以上補在家今日之事與宝玉問哭一句針对）他母兄見他這般堅執自然必不出来的了況且原是賣倒的死
契明仗着賈宅是慈善寬厚之家不過求一求只怕身價銀一併賞了這是有
的事呢（又夹帶出賈府平素施為来与襲人口中針对）二則賈府中從不曾作賤下人只
有恩多威少的（伏下多少後文）且凡老少房中所有親侍的女孩子們更比待家

孝女義女　可怜二二　我也要笑　孝女義女

下卑人不同平常寒薄人家的小姐也不能那樣尊重的又伏下多少後文先一句是傳中陪客此一句是傳中本旨看後文曰以他母子兩了也就死心不贖了既如此何得襲人又作前語以愚宝玉不知何意且一件閒事一句閒文皆無警甚次後忽然宝玉去了他二人又是那般景况

他母子二人心下更明白了越發石頭落了地而且是意外之想彼此放心再無贖念了一段情結脂硯如今且說襲人自幼見宝玉性格異常四字好所謂說不浔好又說不浔不好也其淘氣憨頑自是出於眾小兒之外更有几件千奇百怪口不能言的毛病兒只如此說更好所謂說不浔聰明賢良說不浔痴呆愚昧也近来仗着祖母溺愛父母亦不能十分嚴緊拘管更覺放蕩弛縱四字妙評脂硯任性恣情四字更好亦不涉于惡亦不涉于淫亦不涉于驕不过一味任性耳最不喜務正迂迂是小兒同病每欲功時料不能听今日可巧有贖身之論故先用騙詞以探其情以壓其氣

然後好下箴規〔原来如此〕今見他默々睡去了知其情有不忍氣已餒墮〔不独解語亦且有智〕自已原不想栗子吃的只因怕為酥酪又生事故亦如茵雪之茶等事〔可謂美而多智術之人〕是以假以栗子為由混過宝玉不提就完了於是命小丫頭子們將栗子拿去吃了自已来推宝玉淚痕滿面〔正是無可奈何之時〕襲人便笑道這有什麽傷心的你果然留我々自然不出去了宝玉見這話有文章〔宝玉不愚〕便說道你到說々我还要怎麽留你我自已也难說了〔二人素常情義〕襲人笑道俗們素日好処再不用說但今日你安心留我不在這上頭我另說出兩三件事来你果然依了我就是你真心留我了刀擱在脖子上我也是不出去的了宝玉忙笑道你說那几件我都依你好姐々好親姐々〔叠二語活見從紙上走一宝玉下来如聞其呼見其笑〕別說兩三件就是兩三百件我也依〔兩三百不成話却是宝玉口中〕只求你

們同看着我守着我等我有一日代成了飛灰脂硯齋所謂不知是何心思始得口出此等不成話之至奇至妙之話諸公請如何解得如何評論。所妙者正為此偏于妙時一犯妙甚飛灰还不好灰还有形有跡還有知識灰还有知識奇之不可甚言矣余則謂人尚無知識者多々等我化成一股輕烟風一吹便散了的時候你們也管不得我々也催不得你們了那時憑我去我也憑你們愛那里去就去了是聰明是愚昧是小兒淘氣余皆不知只覺悲感难言奇理愈妙急的襲人忙握他的嘴說好々的正為劝你這些更說的狠了宝玉忙說道再不說這話了（只說今日一次呵々玉兄々々你到底哄的那一个了）襲人道這是頭一件要改的宝玉道改了再要說你就擰嘴还有什庅襲人道第二件你真喜讀書也罢（新鮮真々新鮮）假喜也罢只是在老爺跟前或在別人跟前你別只管批駁誚謗只作出個喜讀書的樣子来（所謂開方便门）宝玉又誚謗讀書人恨此時不能一見如何誚謗也教老爺少生些氣在人前也好說嘴（大家听々可是丫环說的話）他心里想着我家代々讀書只從有了你不承望你不喜讀書已經他心里有氣又愧〻而且背前背後乱說那些混話凡讀書上進的人你就起個名子叫作祿蠹二字從古未見新奇之至难怨世人謂之可殺余却最喜又說只除明〻德外無書都是前人自已不能解聖人之書便另出已意混編纂出来的宝玉目中猶有明〻德三字心中猶有聖人二字又素日皆作如是等語宜乎人〻謂之瘋傻不肖這些話怎庅怨得老爺不氣不時〻打你叫別人怎庅想你宝玉笑道再不說了那原是那小時不知天高地厚信口胡說如今再不敢說了又作是語說不得不乖覺然又是作者瞞人之處也还有什庅襲人道再不可毀僧謗道意調脂弄粉一件是婦女心二件若不如此亦非宝玉還有更要緊的一件語是又作此一再不許吃人嘴上擦的胭脂了此一句是聞所未聞之語宜乎其父母嚴責也與那愛紅的毛病兒宝玉道都改〻〻再有什庅快說襲人笑道再也沒有了只是百事凡的檢点些不任意任

花解語一段乃襲卿満心満意將玉兒為終身得靠千妥萬當故有是余閱至此余為襲卿一嘆 丁亥春畸笏叟

情的就是了（總包括盡矣其所謂花解語者大矣不独冗々為兒女之分也）你若果都依了便拿八人轎也抬不出我去了宝玉笑道你在这里長遠了不怕没八人轎你坐襲人冷笑道這我可不希罕的有那個福氣没有那個道理縂坐了也没甚趣（調侃不淺然在襲人能作是語寔可愛可敬可服之至所謂花解語也）二人正說着只見秋紋走進来說快著三更了該睡了方纔老太々打發嬷々来問我答應睡了宝玉命取表来（照應前鳳姐之文）看時果然針已指到亥正（表則是表的寫法前形容自鳴鐘則是自鳴鐘各盡其神妙）方從新盥漱寬衣安歇不在話下至次日清晨襲人起来便覺身体發重頭疼目脹四肢火熱先時还扎挣的住次後挺不住只要睡着因而和衣淌在炕上（过下引係）宝玉忙回了賈母傳醫看視說道不過偶感風寒吃一兩劑藥踈散々々就好了開方去後令人取藥来煎好剛服下去命

他盖上被渥汗宝玉自去代玉房中来看視（為下文留地步）彼時代玉自在床上歇午了环們皆出去自便滿屋内静悄々的宝玉揭起綉線軟簾進入里間只見代玉睡在那里忙去上来推他道好妹々（纔住了好姐々又聞好妹々太約宝玉一日之中一時之内此六[illegible]字未曾暫离口角妙）纔吃了飯又睡覺将代玉換醒（若是別部書中寫此時之宝玉一進来便生不軌之心突萌苟且之念更有許多賊形鬼状等醜態邪言矣此都反推喚醒他毫不在意所謂說不滛淫塲是也）代玉見是宝玉回說道你且出去侳々我前兒閙了一夜今兒还没有歇過来（補出姣怯態度）渾身酸疼宝玉道酸疼事小睡出来的病大我替你解悶兒混過困去就好了（宝玉又知養身）代玉只合着眼說道我不困只略歇々兒你且別処去閙會子再来宝玉推他道我往那去呢見了别人就怪膩的（所謂只有一顰可対亦屬怪事）代玉听了嗤的一声笑道你既要在这里那边去老々寔々的坐着僭們說話

兒宝玉道我也歪着代玉道你就歪着宝玉道没有枕頭綿纏密秘入微偺們

在一個枕頭上綿〃也更妙漸逼漸近所謂意代玉道放屁外頭不是枕頭拿一个来

枕着宝玉出至外間看了一看回来笑道那个我不要也不知是那个臟老婆子

的代玉听了睁開眼睁眼起身起身笑道笑真〃你就是我命中的天魔星妙語

妙之至想見其態度請枕這一个説着將自己枕的推与宝玉又起身將自己的

再拿了一个来自己枕了二人对面倒下代玉回看宝玉左边腮上有鈕扣大

小的一塊血漬便欠身湊近前来以手撫之細看對推醒看態度想見其綿纏又道这又是誰

的指甲刮破了妙極補出素日宝玉側身躲閃笑道不是指甲刮的只怕是纔剛替他

們淘漉胭脂膏子擸上了一点兒還与後文平兒於怡紅院晚粧時对照説着便找

手帕子要揩拭代玉便用自己的帕子替他揩拭了綿想見情之脉〃意之綿口

一句描寫玉刻骨刻髓至已盡矣　壬午春

内說道你又幹这些事了又是劝戒語幹也罷了一轉細極这方是顰卿不比别人一味固執死劝必定还要帶出幌子来便是舅々看不見别人看見了又當奇事新鮮話兒去学舌討好兒補前文之未到伏後文之線脉吹到舅々耳朶又有大家不干净惹氣大家二字何妙之至神之至細膩之至乃父責其子縱加以笞楚何能使大家不干净哉今偏大家不干净則知賈母如何管孫責子怨于衆及自已心中多少抑鬱难堪难禁代憂代痛一齊托出宝玉總未听見这些話可知昨夜情切々之語亦屬行雲流水矣只聞得一股幽香却是從代玉袖中發出聞之令人醉魂酥骨却像似淫極然究竟不犯一些淫意宝玉一把便将代玉的袖子拉住要瞧籠着何物代玉笑道冬寒十月誰帶口頭語猶在寒冬之时什庅香呢宝玉笑道既然如此这香是那里来的代玉道連我也不知道正是按諺云人在氣中忘氣魚在水中忘水余今續之曰美人忘容花則忘香此則代玉不知自骨肉中之香同想必是櫃子里頭的香氣衣服上燻染的也未可知有理宝玉揺頭道未必这

香的氣味奇怪不是那些香餅子香毬子香袋子的香（自然）代玉冷笑道（冷笑便是文章）难道我也有什么羅漢真人給我些香不成便是得了奇香也没有親哥哥親兄弟弄了花兒朵兒霜兒雪兒替我炮製（活顰兒一絲不錯）我有的是那些俗香罷了宝玉笑道凡我說一句你就拉上这么些不給你个利害也不知道從今兒可不饒你了說着番身起来将两支手呵了两口（活画）便伸手向代玉膈肢窩内两脇下乱撓代玉素性觸癢不禁宝玉两手伸来乱撓便笑的喘不過氣来口里說宝玉你再鬧我就惱了（如見如聞）宝玉方住了手笑問道你还說这些不說了代玉笑道再不敢了一面理鬢笑道我有奇香你有暖香没有（奇問）宝玉見問一時解不来（等处一时原难解終遜代卿一等正在此）因問什么暖香代玉点頭嘆笑道蠢才蠢才你有玉人家就有金配你人家有冷香你就没

有暖香去配宝玉方听出来（是顰兒活画然这是阿顰一生心事故每不禁自及之）宝玉笑道方纔求饒如今更說狠了說着又去伸手代玉忙笑道好哥〃我可不敢了宝玉笑道饒便饒你只把袖子我聞一聞說着便拉了袖子籠在面上聞个不住代玉奪了手道这可該去了宝玉笑道去不能偺們斯〃文〃的淌着說話兒說着復又倒下代玉也倒下用手帕子蓋上臉（画）宝玉有一搭没一搭的說些鬼話（先一總）代玉只不理宝玉問他几歲上京路上見何景致古蹟揚州有何遺跡故事土俗民風代玉只不荅宝玉只怕他睡出病来（原来只為此故不暇傷人嘲笑所以放蕩無忌處不特此一件耳）便哄他道噯喲〔像个親故事的〕你們揚州衙門里有一件大故事你可知道代玉見他說的鄭重且又正言厲色只當是真事曰問什么事宝玉見問便忍着笑順口謅道〔又哄我看書人〕

揚州有一座黛山山上有個林子洞　代玉笑道就是扯謊自來也沒听見

山名洞名輦兒已知之矣

这山宝玉道天下山水多着呢你那里知道这些不成等我說完了你再批評

不完了此句可知此謊再謅不完的

代玉道你且說宝玉又謅

林子洞里原来有群耗子精那一年臘月初七日老耗子升座議事　耗子升座且議事自是耗子有賞罰有制度矣何今之耗子猶穿壁嚙物其升座者置而不問哉

因說明日乃是臘八世上人都熬臘八粥如今我們洞中果品短少須得趁此

难道耗子也要臘八粥吃一笑

打刼些来方妙　議的是正事宜乎為鼠矣　乃拔令箭一枝遣一能幹的小耗　原来能于此者便是小鼠　前去打听一時小耗回報各處察訪打听已畢惟有山下廟里果米最多　妙〻　廟里原来最多老耗問米有几樣果有几品小耗道米豆成倉不可勝記果品有五種一紅棗二栗子三落花生四菱角五香玉老耗听了大喜即時点、

耗前去乃拔令箭問誰去偷米一耗便接令去偷米又拔令箭問誰去偷豆又

一耗接令去偷豆然後一一的都各領令去了只剩了香玉一種因又拔令箭（玉兒也知瑣碎以捷近為妙）

問誰去偷香玉只見一個極小極弱的小耗應道我愿去偷香玉老耗並衆耗見（玉兒々々唐突聲兒了）

他這樣恐不諳練且怯懦無力都不准他去小耗道我虽年小身弱却是法術

無边口齒伶俐机謀深遠的（九三句暗為代玉作許諷 妙）此去管比他們偷的还巧

呢衆耗忙問如何比他們巧呢小耗道我不學他們直偷我只摇身一変也変（不直偷可畏可怕）

成個香玉滾在香玉堆里使人看不出听不見却暗々的用分身法搬運漸々（可怕可畏）

的就搬運盡了豈不比直偷硬取的巧些（果然巧而且最毒直偷者可妨此法不能妨矣可惜這樣才情這樣奇術却只一耗耳）衆耗听了都道妙却妙只是不知怎麼個変法你先変個我們瞧々

瞧小耗听了笑道這個不難等我変来說畢摇身說変竟変了一個最標緻美（奇文怪文）

玉生香是要与小恙醉香院对看愈竟生動活潑且前以代玉後以宝釵特犯不犯好看煞　丁亥春畸笏叟

貌的一位小姐衆耗忙笑道变錯了变錯了原説变果子的如何变出小姐来余亦説变錯了小耗現形笑道我説你們沒見識面只認淂这果子是香玉却不知盐課林老爺的小姐纔是真正香玉呢前面有試才題对額故緊接此一篇無稽乱話前無則可此無則不可蓋前係宝玉之懶為者此係宝玉不淂不為者世人誹謗無碍奬譽不必代玉听了番身爬起来按着宝玉笑道我把你爛了嘴的我就知道你是編我呢説着便擰的宝玉連〻央告説好妹〻饒我罢再不敢了我因為聞你香忽然想起这個故典来代玉笑道饒罵了人还説是故典呢一語未了只見宝釵走来妙笑問誰説故典呢我也听〻代玉忙讓坐笑道你瞧〻有誰他饒罵了人还説是故典宝釵笑道原来是宝兄弟怨不淂他〻肚子里的故典原多妙諷只是可惜一件妙轉凡該用故典之時他偏就忘了更妙有今日記淂的前児夜里的芭蕉詩就

詼記得眼面前的到想不起来别人冷的那樣你急的只出汗[與前拭汗二字针对不知此書何妙了如此有許多妙談妙語機鋒詼諧各淂其時各盡其理前梨香院代玉之諷則偏兒越此則正而趣二人真是对手両不相犯]這會子偏又有記性了代玉听了笑道阿弥陀佛到底是我的好姐〻你一般也遇見对子了可知一還一報不爽不錯的剛説這里只听宝玉房中一片声嚷吵鬧起来正是

此回寫手作三回方妙極抄錄
之人遺漏　玉蓋城

脂硯齋重平石頭記卷之

第二十回

王煕鳳正言彈妬意　林黛玉俏語謔嬌音

話說宝玉在林代玉房中說耗子精宝釵撞来諷刺宝玉元宵不知緑蠟之典三人正在房中互相譏刺取笑那宝玉正恐代玉飯后貪眠一時存了食或夜間走了困皆非保養身（體）之法云宝玉亦知醫理却只是在頻釵等人前方露亦如後回許多明理之語只在閨前現露三分越在兩村等経緖人前如痴如呆実令人可恨但兩村等視宝玉不是人物豈知宝玉視彼等更不是人物故不与接談也宝玉之情痴十六手假手看官細評幸而宝玉（釵）走来大家談笑那林代玉方不欲睡自己纔放了心忽听他房中嚷起来大家側耳听了一听林代玉先笑道这是你媽ゝ和襲人叫（喊）呢那襲人也（莫）罢了你媽ゝ再要認真排場他可見老背晦了襲卿能使顰卿一讚愈見彼之為人矣覌者諸公以為如何

寳玉忙要赶過来寳釵忙一把拉住道你别和你媽〻吵纔是他老糊塗了到

的是寳釵行事

要讓他一步為是思之 寳釵如何覌者 寳玉道我知道了説畢走来只見李嬷〻拄

活像过时奶媽罵了頭

在襲卿身上去叫下撞天屈来

着拐棍在当地罵襲人忘了本的小娼婦我抬舉起你来这會子我来了你大

看这句幾把批書人嚇殺了幸有

模大樣的倘在炕上見我来也不理一理一心只想粧狐媚子哄寳玉哄的寳

此〻句不然我石兄襲卿掃地矣

玉不理我听你們的話你不過是几兩臭銀子買来的毛了頭这屋里你就作

雖寫得酷肖然唐突我襲卿實難為情

若知好事多魔方

耗如何使得好不好拉出去配一個小子看你还妖精似的哄寳玉不哄襲人

会昨者之意

先只道李嬷〻不過為他倘着生氣少不得分辨説病了纔出汗蒙着頭原没看

見你老人家等語後来只管听他説哄寳玉粧狐媚又説配小子等由不得又

愧又委曲禁不住哭起来寳玉雖听了这些話也不好怎樣少不得替襲人分

辨病了吃藥等話又説你不信只問别的了頭們李嬷〻听了这話益發氣起

特爲乳母傳照暗伏後文倚勢奶娘線脉石頭記無閑文並虛字在此　壬午孟夏　畸笏老人

茜雪至獄神廟方呈正文襲

来了説道你只護着那起狐狸那里認得我了叫我問誰去誰不帮着你呢誰（真有是語）（真有是事）

不是襲人拿下馬来的我都知道那些事我只和你在老太ゝ太ゝ跟前去講ゝ（冤枉冤哉）（囫圇語難解）

我把你奶了这庅大到如今吃不着奶了把我丢在一傍逞着了頭們要我的（奶媽拿手話）

強一面説一面也哭起来彼時代玉宝釵等也走過来劝説媽ゝ你老人家担

待他們一点子就完了李嬷ゝ見他二人来了便拉住訴委屈将當日吃茶茜（四字嬷ゝ是慢重二人身分）

雪出去與昨日酥酪等事撈ゝ叨ゝ説个不清可巧凤姐正在上房算完輸贏（好極妙極畢肖極）

賬听得後面声嚷動便知是李嬷ゝ老病發了排揎宝玉的人正值他今兒輸（找上文）

了錢遷怒于人便連忙赶過来拉了李嬷ゝ笑道好媽ゝ别生氣大節下老太（有是爭競事）

太纔喜欢了一日你是个老人家别人高声你还要管他們呢难道你反不知道（阿鳳兩提老太ゝ是叫老嫗想襲卿是老太ゝ的人況又復閙大）

規矩在这里嚷起来叫老太ゝ生氣不成你只説誰不好我替你打他我家里

乙文標昌花襲人有始有終余只見有一次謄清時與獄神廟慰寶玉等五六稿被借閱者迷失歎歎 丁亥夏 畸笏叟

一段特為怡紅襲人晴雯茜雪三環之性情見識身分而寫 己卯冬夜

烧的滚热的埜鸡快来跟我吃酒去一面説一面拉着走又叫豊児替你李奶（体勿泛泛看去 何等现成何等自然的是凤卿笔法）奶拿着拐棍子擦眼泪的手帕子（一丝不漏）那李嬷嬷脚不沾地跟了凤姐走了一面还説我也不要这老命了越性今児没了规矩闹一場子讨个没脸强如受那娼妇蹄子的氣後面宝叙代玉随着风姐見児这般都拍手笑道亏这一阵風来把（批书人也是这样说）个老婆子撮了去了宝玉点头嘆道这又不知是那里的賬只拣軟的排揎昨（看官将一部书中人一一想来收拾文字非阿凤俱有琐细引迹事事头记得力处俱在此）児又不知是那个姑娘得罪了上在他賬上了一句未了晴雯在傍笑道誰又不瘋了得罪他作什么便得罪了他就有本事承任不犯带累别人襲人一面哭一面拉宝玉道為我得罪了一个老奶奶你这会子又為我得罪这些人这还不彀我受的还只是拉别人宝玉見他这般病势又添了这些烦恼連忙忍氣吞声安慰他仍旧睡下出汗又見他湯烧火热自己守他歪在傍边劝他只養

着病别想着此（这）沒要緊的事生氣襲人冷笑道要為這些事生氣這屋里一刻
还站不得了（寔言非謬語也）但只是天長日久只管這樣可叫人怎麽樣纔好呢時常我劝你
别為我們得罪人你只顧一時為我們那樣他們都記在心里遇着坎兒說的
好說不好听大家什麽意思（様狐媚子等語来寔〻好語的是襲卿）一面說一面禁不住流泪又怕宝玉煩惱只得又
免強忍着一時雜使的老婆子煎了二和藥来宝玉見他纔有汗意不肯叫他
起来自已便端着就枕與他吃了即命小丫頭子們鋪炕襲人道你吃飯不吃
飯到底老太〻太〻跟前坐一會子（心中时〻刻〻正意語也）和姑娘們頑一會子再回来我就靜〻的
倘一倘也好宝玉听說只得替他去了簪环看他倘下自往上房来同賈母吃
畢飯賈母犹欲同那几個老管家嬷〻鬬牌解悶宝玉記着襲人便回至房中
見襲人朦〻朧去自已要睡天氣尚早彼時晴雯綺霰秋紋碧痕都尋熱鬧找

死央琥珀等耍戲去了独見麝月一個人在外間房里灯下抹骨牌宝玉笑問
道你怎不同他們頑去麝月道没有錢宝玉道床底下堆着那庅些还不殼你
輸的麝月道都頑去了（正文）這屋里交給誰呢那一個又病了滿屋里上頭是灯（灯節）地
下是火那些老媽〻子們老天拔地伏侍一天也該叫他們歇〻小丫頭子們
也是伏侍了一天這會子还不叫他們頑〻去所以讓他們都去罷我在這里
（豈敢）（每于如此等处石兄何常輕〻放过不介意來亦）
看着宝玉听了這話公然又是一個襲人因笑道我在這里坐着你放心去罢
（作欲睇看官又被批書人看去呵〻）（全是襲人口氣所以後來代任）
麝月道你既在這里越發不用去了偺們兩個説話頑笑豈不好宝玉笑道偺
兩個作什庅呢怪没意思的也罢了早上你説頭癢（上）這會子没什庅事我替你
篦頭罷麝月听見便道就是這樣説着將文具鏡匣搬来卸去釵釧打開頭髮
（金閨細事如此写）
宝玉拿了篦子替他一〻的梳篦只篦了三五下只見晴雯忙〻走進来[illegible]（原）為

麝月閑〻無語令余酸鼻正所謂对景傷情 丁亥夏畸笏

取錢一見了他兩個便冷笑道哦雖交盃盞还没吃到上頭了宝玉笑道你来

自謔語亦少露怡红细事

我也替你篦一篦晴雯道我没那麼大福說着拿了錢便摔簾子出去了宝玉在麝月身後麝月對鏡二人在鏡内相視宝玉便向鏡内笑道滿屋里就只是

此係石兄得意处

他磨牙麝月听說忙也向鏡中擺手宝玉會意忽听唿一声簾子响晴雯又跑

好看趣　麝月摆手

進来問道我怎麼磨牙了偺們到得說說麝月道你去你的罷又来問人了晴

為此句兒く　好看煞

雯笑道你又護着你們那瞞神弄鬼的我都知等我撈回本兒来再說話說着

找上文

嬌憨满紙令人叫绝

壬午九月

一經出去了

開上一段兒女口舌却寫麝月一人有襲人出嫁之後宝玉宝釵身边还有一人雖不及襲人週到亦可免微嫌小敝等患方不負宝釵之為人也故襲人出嫁後云好歹留着麝月一語宝玉便依從此話可見襲人雖去實未去也寫晴雯之疑忌亦為下文跌扇角口等文伏脉却又輕輕抹去正見此時都在幼時雖微露其疑忌見得人各禀天真之性善悪不一往後漸大漸生心矣但觀者凡見晴雯諸人則悪之何愚也哉要知自古及今愈是尤物其猜忌妬愈甚若一味渾厚大量涵養則有何可令人怜愛護惜哉然後知宝釵襲人等行為並非一味蠢拙古版以女夫子自居当綉幔灯前綠窗

月下亦頗有或調或妬輕俏艷麗等說不過一時取樂買笑耳非切〻一味妬才嫉賢也是以高諸人百倍不然宝玉何甘心受屈于二女夫子哉看過後文則知矣故觀書諸君子不必悪晴雯正該感晴雯金閨綉閣中生色方是

這里宝玉通了頭命麝月悄〻的伏侍他睡下不肯驚動襲人一宿無話至次日清晨起来襲人已是夜間發了汗覺得輕省了些只吃些米湯静養宝玉放了心因飯後是（走）到薛姨媽这边来閑逛彼時正月内学房中放年学閨閣中忌針黹都是閑時賈环也過来頑正遇見宝釵香菱鶯兒三個赶圍棋作耍賈环見了也要頑宝釵素習看他亦如宝玉並没他意今見他要頑讓他上来坐了一處一磊十個錢頭一回自己贏了心中十分欢喜後来接連輸了几盤便有些〻着急赶着这盤正該自己擲骰子若擲个七点便贏若擲个六点下該鶯兒擲三点就贏了因拿起骰子来恨命一擲一个作定了五那一个乱轉鶯兒

寫环兄先贏亦是天生地設現成文字 己卯冬夜

拍着手只叫么〔好看煞〕娇憨如此 賈环便瞪着眼六七八混叫那骰子偏生轉出么来賈
环急了伸手便抓起骰子来然後就拿錢〔更也好看〕說是個六点鶯兒便說分明是個么
宝釵見賈环急了便瞅鶯兒說道越大越没規矩难道爺們还賴你还不放下
錢来呢鶯兒滿心委曲見宝釵說不敢則声只得放下錢来口内嘟囔說一個
作爺的还賴〔酷肖〕我們這幾個錢連我也不在眼里前兒我和宝爺頑他輸了那些〔倒拴箇法寶寫幼时往事可憐〕
也没着急下剩的錢还是幾個小丫頭子們一搶他一笑就罢了宝釵〔蠢驢〕不等說
完連忙断喝賈环道我拿什庅比宝玉呢你們怕他都和他好都欺負我不是
太〻養的說着便哭了宝釵忙劝他好兄弟快别說这話人家笑話你又罵鶯〔覌者至此有不捲簾屬看者乎余替宝卿実难为情〕
兒正值宝玉走来見了这般形况問是怎庅了賈环不敢則声宝釵素知他家
規矩凡作兄弟的都怕哥〻大族規矩原是如此一系兒 不錯 却不知那宝玉是不

要人怕他的他想着弟兄們一併都有父母教訓何必我多事反生踈了况且
我是正出他是庶出饒这樣还有人背後談論还禁得轄治他了更有個敳意
此意不敳
思存在心里你道是何敳意曰他自幼姊妹叢中長大親姊妹有元春探春伯
叔的有迎春惜春親戚中又有史湘雲林代玉宝釵等諸人他便料定原来天
生人為萬物之灵凡山川日月之精秀只鍾于女兒鬚眉男子不過是些渣滓
濁沫而已曰有這個敳念在心把一切男子都看成混圇濁物可有可無只是
父親叔伯兄弟中曰孔子是亘古第一人說下的不可忤慢只得要听他这句
听了这一个人之話
話所以弟兄之間不过尽其大槩的情理就罢了並不想自已是丈夫須要為
豈是敳子由你自已說罢我把你作極乖的人看
子弟之表率是以賈环等都不怕他却怕賈母綫讓他三分如今宝釵恐怕宝
玉教訓他到沒意思便連忙替賈环掩餙宝玉道大正月里哭什庅这里不好

又用諱人語瞞着看看官

己卯冬夜

你別處頑去你天〻念書到念糊塗了比如这件東西不好橫竪那一件好就
棄了這件取那個难到你守着这ケ東西哭一會子就好了不成你原是来取
樂頑的既不能取樂就往別處去再尋樂頑一會子难到笑[这]取樂頑了不成到
釰子都会立这樣意説这樣話
招自己煩惱不如快去為是賈環听了只得回来趙姨娘見他这般因問又是
多事人等口談吐 畢肖
那里墊了踹窩来了一問不荅再問時賈環便說同宝姐〻頑的鶯兒欺負我
賴我的錢宝玉哥〻攆我来了趙姨娘啐道誰叫你上高指攀去了下流沒臉
的東西那里頑不得誰叫你跑了去討沒意思正說着可巧鳳姐在窓外过都
听在耳内便隔窓說道大正月又怎庅了环兄弟小孩子家一半点兒錯了你
反得了理ら
只教導他說这些浅話作什庅凴他怎庅去还有太〻老爺管他呢就大口啐
沒味兒的
所謂胘中處想趙姨即不畏阿鳳亦無可回答
他〻現是主子不好了橫竪有教導他的人与你什庅相干环兄弟出来跟我

頑去賈环素日怕鳳姐比怕王夫人更甚听見叫他忙唯ㄑ的出来趙姨娘也
不敢則声鳳姐向賈环道你也是個没氣性的時常説給你要吃要喝要頑要

談妒意正文

笑只爱同那一個姐ㄑ妹ㄑ哥ㄑ嫂子頑就同那個頑你不听我的話反叫这

揩人發脱

好阿鳳好口齒句ㄑ正言正理趙姨安得不抿翅低頭靜听發揮批至此不禁一大

些人教的歪心邪意狐媚子霸道的自己不尊重要往下流走安着壞心还只

白又大白矣　轉得好

管怨人家偏心輸了几個錢就这庅个樣兒賈环見問只得諾ㄑ的回説輸了

几者当记一大百乎咲ㄑ

一二百鳳姐道虧你还是爺輸了一二百錢就这樣回頭叫豐兒去取一吊錢

收什得好

来姑娘們都在後頭頑呢把他送了頑去你明兒在这庅下流狐媚子我先打

又一折筆更覺有味

了你打發人告訢李里皮不揭了你的為你这个不尊重恨的你哥ㄑ牙根癢不

本来面目断不可少

是我攔着窩心脚把你的腸子窩出来了喝命去罷賈环諾ㄑ的跟了豐兒得

三字寫着环哥

了錢自已和迎春等頑去不在話下 一段大家子奴妾吆吻如見如聞正為下文五鬼作引也余為宝玉肯效凤姐一点

嫡ㄑ是彼親生句ㄑ竟成正中貶趙姨寔难荅言至此方知題標用彈字甚妥協　已卯冬夜

餘風亦可繼荣寧之盛諸公當為如何且說宝玉正和宝釵頑笑忽見人說史大姑娘来了妙極凡宝玉宝釵正閑相遇時非代玉来即湘雲来是恐曳漏文章之精華也若不如此則宝玉久坐忘情必被宝卿見棄杜絕後文成其夫婦時無可談旧之情有何趣味哉宝玉听了抬身就走宝釵笑道等着俗們兩個一齐走瞧〻他去說着下了炕同宝玉一齐来至賈母這边只見史湘雲大笑大說的見他兩個来忙問好廝見寫湘雲又一筆法特犯不犯正值林代玉在傍因問宝玉在那里的宝玉便說在宝姐〻家的代玉冷笑道我說呢虧在那里伴住不然早就飛了来了宝玉笑道只許同你頑替你解悶兒不過偶然去他那里一倘就說這話林代玉道好沒意思的話去不去管我什庅事我又沒叫你替我解悶兒可[还]許你從此不理我呢說着便賭氣回房去了宝玉忙跟了来問道好〻的又生氣了就是我說錯了你到底也还生在那里和別人說笑一會子



等着二字大有神情看官閉目熟思方知趣味非批書人謾擬也　己卯冬夜

總是心中事

這般机括一動隨机而出

又来自已納悶林代玉道你管我呢宝玉笑道我自然不敢管你只没有個看着你自已作賤了身子呢林代玉道我作賤壞了身子我死与你何干宝玉道何苦来大正月里死了活了的林代玉道偏說死我這会子就死你怕死你長命百歲的如何宝玉笑道要像只管這樣鬧我还怕死呢到不如死了干凈代玉忙道正是了要是這（这）樣鬧不如死了干凈宝玉道我說我自已死了干凈別听錯了話賴人正說着宝釵走来道史大妹〻等你呢說着便推宝玉走了此時宝釵尚未知他二人心性故来劝後文察其心性故擲之不聞矣這里代玉越發氣悶只向窓前流泪没兩盞茶的工夫宝玉仍来了蓋宝玉亦是心中只有代玉見宝釵难却其意故暫随彼去以完宝釵之情故少坐仍来也林代玉見了越發抽〻噎〻的哭個不住宝玉見了这樣知難挽回打疊起千百樣的款語溫言来劝慰不料自已未張口只見代

石頭慣用如此筆伏

此時寫湘雲来是正文只用二三答言反接寫玉林小角口又用寳釵岔開仍不了局再用千句柔言百般温慰正在情完未完之時湘雲突在諕嬌音之文人了纔見真已費壽有家私之筆也　丁亥夏　畸笏叟

玉先説道你又来作什庅横竪如今有人和你頑比我又會念又會作又會寫又會説笑又怕你生氣拉了你去你又作什庅来死活憑我去罷了宝玉听了忙上来悄悄的説道你这庅個明白人難道連親不間疏先不僣後也不知道（八字足可消氣）我雖糊塗却明白这两句話頭一件偺們是姑舅姊妹宝姐姐是两姨姊妹論親戚他比你疎第二件你先来偺們两個一桌吃一牀睡長的这庅大了他是纔来的豈有个為他疎你的林代玉啐道我難道為叫你疎他我成了个什庅人了呢我為的是我的心宝玉道我也為的是我的心你的心難道你就知你的心不知我的心不成（此二語不獨觀者不解料作者亦未必解不但作者未必解想石頭亦不解不过述宝林二人之語耳石頭既未必解宝林此刻更自已亦不解皆隨口説出耳若觀者必欲要解須自揣自身是宝林之流則洞然可解若自料不是宝林之流則不必求解矣万不可記此二句不解錯謗宝林及石頭作者等人）林代玉听了低頭一語不發半日説道你只怨人行動嗔

怪了你〻再不知道你自已滬人难受就拿今日天氣比分明今兒冷的这樣你怎庅到反把青肷披風脫了呢（真〻奇絶妙文真如羚羊掛角無迹可求此等奇妙非口中筆下可形容出者）宝玉笑道何常不穿着見你一惱我一炮燥就脫了林代玉嘆道回来傷了風又該餓着吵吃的了（一語仍歸兒女本傳却又輕〻抹去也）二人正說着只見湘雲走来笑道二哥〻林姐〻你們天〻一處頑我好容易来了也不理我一理兒代玉笑道偏是咬舌子愛說話連個二哥〻也吽不出来只是愛哥〻愛哥〻的回来赶圍棋兒又該你鬧么愛三四五了宝玉笑道你斈慣了他明兒連你还咬起来呢（可笑近之埜史中滿紙羞花閉月鶯啼燕語除不知真正美人方有一陋処如太真之肥燕飛之瘦西子之病若施于別个不美矣今見咬舌二字加以湘雲是何大法手眼敢用此二字哉不独見陋且更斈輕俏嬌媚儼然一嬌憨湘雲立于紙上揜卷合目思之其愛厄嬌音如入耳内然後將滿紙鶯啼燕語之字樣填糞窖可也）史湘雲道他再不放人一点兒專挑人的不好你

此作者放筆寫非褒釵貶顰也　己卯冬夜

自已便比世人好也不犯着見一個打趣一個指出一個人来你敢挑他我就伏你代玉忙問是誰湘雲道你敢挑宝姐〻的短處就筭你是好的我筭不如你他怎庅不及你呢代玉听了冷笑道我當時是誰原来是他我那里敢挑他呢宝玉不等説完忙用話分開湘雲笑道这一輩子我自然比不上你我只保佑着明児淂一個咬舌的林姐夫時〻刻〻你可听愛厄去阿弥陀佛那纔現在我眼里説的衆人一笑湘雲忙回身跑了要知端詳下回分解

比回文字重作輕抹淂力処是鳳姐拉李嬷〻去借环哥彈壓趙姨　細致処宝釵為李嬷劝宝玉安慰环哥断喝鶯児　至急為难処是宝顰論心〻無可奈何処是就拿今日天氣比　湘雲冷笑道我当誰原来是他　冷眼最好看処是宝釵代玉看风姐拉李嬷云这一陣風玉顰一節湘雲到宝玉就走宝釵

咲說着湘雲大笑大說犟兒李咬舌湘雲念佛跑了
数節可使看官于紙上能耳聞目覩其音其形之文

脂硯齋重平石頭記

有客題紅樓夢一律失其姓氏惟見其詩意駭警故録於斯

自執金矛又執戈　自相戕戮自張羅

茜紗公子情無限　脂硯先生恨幾多

是幻是真空歷遍　閑風閑月枉吟哦

情機轉淂情天破　情不情兮奈我何

凢是書題者不可此為絕調詩句警拔且深知擬書底裡惜乎失石矣按此回之文固妙然未見後　卅回猶不見此之妙此曰嬌嗔箴宝玉軟語救賈璉後曰薛宝釵借詞含諷諫王熙鳳知命強英雄今只從二婢說起後則直指其主然今日之襲人之宝玉亦他日之襲人他日之宝玉也今日之平兒之賈璉亦

他日之平兒他日之賈璉也何今日之玉猶可箴他日之玉已不可箴耶今日之璉猶可救他日之璉已不能救耶箴與諫無異也而襲人安在哉寧不悲乎救與強無別也甚矣今日平兒救此日阿鳳英氣何如是也他日之強何身微運蹇展眼何如彼耶人世之變遷如此光陰

今日寫襲人後文寫宝釵今日寫平兒後文寫阿鳳文是様情理景况光陰事却天壤矣多少恨泪洒出此兩回書

此回襲人三大功直與宝玉一生三大病映